# 친구들에게 전하는 글

"물 만난 고기처럼 신나게 놀았어."
"닭 쫓던 개 지붕 쳐다보듯 발만 동동 굴렀어."
"차라리 고양이한테 생선을 맡기지."
"구슬이 서 말이라도 꿰어야 보배라고 했어."

사람들과 대화를 하거나 글을 쓸 때 비유적인 표현을 적절하게 쓰면 말과 글의 깊이가 달라져요. 또 짧은 문장으로도 재치 있게 말할 수 있지요. 이렇듯 어휘를 많이 알면 하고 싶은 말이 입 안에서 맴돌지 않고 내 생각을 정확하게 표현할 수 있어요.

어휘력은 말하기와 글쓰기는 물론 모든 학습의 기초가 된다는 건 익히 들어 알고 있지요? 하지만 많은 친구들이 영어 단어 외우기에는 열심인데, 정작 우리말을 익히기 위해 국어사전을 들춰 보는 일은 적어요. 또한 요즘 초등 친구들은 바쁜 일상 속에서 독서가 부족하고 디지털 기기의 영향으로 어휘력이 떨어져 있는 게 사실이에요.

어휘력을 기르기 위해선 책이나 여러 매체에서 모르는 단어가 나오면 그 뜻을 찾아 정확하게 아는 것이 꼭 필요해요. 그 다음 다양한 예문을 활용하며 익숙해져야 하지요. 참고로, 인터넷에는 여러 국어사전이 검색되지만 정식으로 등록된 표준어를 알고 싶다면 국립국어원의 '표준국어대사전'에서 찾아보면 돼요.

어휘력을 기르는 데 도움을 주기 위해 자주 쓰이는 관용어,
속담, 고사성어 700여 개의 주요 어휘를 한 권에 모아 실었어요.
그리고 비슷한 어휘를 찾아보기 쉽게 사전식으로 만들었어요.
여기에 수록된 어휘만 잘 익혀도 말하기와 글쓰기가 만만해질 거예요.
초등 고학년은 이 책의 어휘들을 전체적으로 훑어보면서 필수 어휘를
총정리하는 책으로 활용해도 좋아요.
어휘는 많이 암기하고 있는 것보다 어휘를 제대로 이해하고
말과 글로 표현할 줄 아는 것이 더 중요해요. 그동안 익혀 온 어휘를
뜻만 어렴풋이 아는 친구들이 많을 거예요. 그래서 어디선가 들어봄직한
어휘를 만나면 알고는 있지만 적절한 말이나 문장으로 활용하지 못해서
답답할 때가 있지요.
이 책은 친구들이 지루해하지 않게 어휘에 대한 사전적인 설명은 최대한
간략하게 정리하고, 각각의 어휘마다 생활 속 예문을 2개씩 강조해서
실었어요. 어휘는 달달 외우지 않아도 돼요. 예문을 소리 내어 따라 읽고,
생활 속에서 자주 활용해서 말하다 보면 낯설기만 했던 어휘가 내 것이
된답니다. 말하기와 글쓰기에 자신감을 더해 줄 이 책과 가까이 지내며
여러분의 어휘력이 일취월장하길 기대할게요!

- 제주에서 이미선 -

 차례

친구들에게 전하는 글 2
이 책의 활용법 6

 **관용어**로 어휘력 키우기

미리 풀어 보는 관용어 퀴즈 … 10
ㄱ~ㄴ … 12
ㄷ~ㄹ … 45
ㅁ~ㅂ … 52
ㅅ~ㅇ … 77
ㅈ~ㅋ … 100
ㅌ~ㅎ … 113

 **속담**으로 어휘력 키우기

미리 풀어 보는 속담 퀴즈 … 128
ㄱ~ㄴ … 130
ㄷ~ㄹ … 161
ㅁ~ㅂ … 171
ㅅ~ㅇ … 199
ㅈ~ㅋ … 222
ㅌ~ㅎ … 233

3장 고사성어로 어휘력 키우기

미리 풀어 보는 고사성어 퀴즈 ··· **244**

ㄱ~ㄴ ··· **246**
ㄷ~ㄹ ··· **260**
ㅁ~ㅂ ··· **265**

ㅅ~ㅇ ··· **271**
ㅈ~ㅊ ··· **294**
ㅌ~ㅎ ··· **304**

찾아보기 **312**

이 책의 활용법

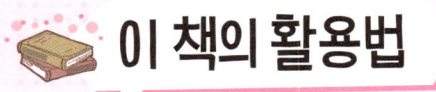

1장 관용어로 어휘력 키우기

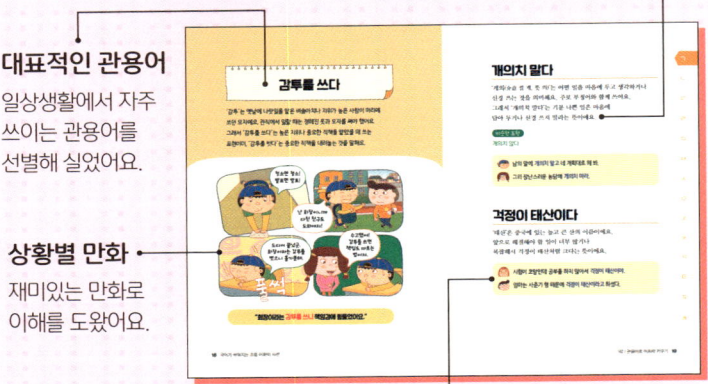

대표적인 관용어
일상생활에서 자주 쓰이는 관용어를 선별해 실었어요.

쉬운 설명
이해하기 쉽게 간결하게 설명했어요.

상황별 만화
재미있는 만화로 이해를 도왔어요.

생활 속 예문
예문을 따라 읽으며 쓰임을 익혀요.

2장 속담으로 어휘력 키우기

자주 쓰이는 속담
교과서에 수록된 속담과 일상생활에서 자주 쓰이는 속담을 소개했어요.

속담의 속뜻
속담에 담긴 속뜻을 알아보고 상황에 맞게 활용해요.

3장 고사성어로 어휘력 키우기

한자의 뜻
한자의 뜻을 알면 고사성어를
쉽게 이해할 수 있어요.

초등 필수 고사성어
국어 실력과 어휘력을
높일 수 있는 대표적인
고사성어를 선별해
실었어요.

비슷한말 & 반대말
비슷한 표현과 반대되는 표현을 함께 익힐 수 있어요.

● 일러두기
1. 이 책의 표기법은 국립국어원 《표준국어대사전》을 기준으로 삼았습니다.
2. 띄어쓰기 규정은 국립국어원 표준어 규정을 따랐습니다.
3. 본문은 찾아보기 쉽게 '관용어, 속담, 고사성어'로 장을 나누고,
   각각 ㄱㄴ순으로 정리했습니다.
4. 다양한 예문을 통해서 어휘력을 기를 수 있도록 강조해서 편집했습니다.
5. '찾아보기'에는 본문에 소개한 총 700여 개의 어휘를 정리해 쉽게 찾아볼 수 있습니다.

'관용어'란 둘 이상의 낱말이 합쳐져 원래의 뜻과는 전혀 다른 새로운 뜻으로 쓰이는 표현을 말해요. 일상생활에서 자주 쓰이고 어휘력을 키워 주는 관용어를 선별해 실었어요. 생활 속 예문으로 쓰임을 익혀 보세요.

관용어로 어휘력 키우기

미리 풀어 보는 관용어 퀴즈

1. 간이 ㅋ ㅇ 만 해지다
   ➡ 몹시 두려워지거나 무서워진다는 뜻이에요.

2. 말에 ㅃ 가 있다
   ➡ 말 속에 속뜻이 숨어 있다는 말이에요.

3. 귀가 ㅂ ㅉ 뜨이다
   ➡ 들리는 말에 선뜻 마음이 끌린다는 뜻이에요.

4. 머리털이 ㄱ ㄷ ㅅ ㄷ
   ➡ 무섭거나 놀라서 신경이 날카로워졌다는 말이에요.

5. 발등에 ㅂ 이 떨어지다
   ➡ 어떤 일이 매우 급하게 닥쳤을 때 쓰는 표현이에요.

6. 눈도 ㄲ ㅉ 안 하다
   ➡ 조금도 놀라지 않고 태연하다는 뜻이에요.

7. 물 만난 ㄱ ㄱ
   ➡ 제때를 만나서 활약하기 좋은 상황을 가리켜요.

8. 병아리 ㄴㅁ 만큼

➡ 매우 적은 수량을 비유적으로 이르는 말이에요.

9. 살얼음 ㅇ 를 걷다

➡ 위태롭고 불안한 상황이나 그런 일을 한다는 뜻이에요.

10. 어안이 ㅂㅂ 하다

➡ 놀랍거나 기막힌 일을 당해 어리둥절할 때 쓰는 표현이에요.

11. ㅍ 김치가 되다

➡ 몸이 몹시 지쳐서 나른하게 되는 것을 가리켜요.

12. 눈앞이 ㅋㅋ 하다

➡ 어찌할 바를 몰라 막막할 때 쓰는 말이에요.

13. 한 치 앞을 ㅁ ㅂ ㄷ

➡ 앞날을 올바르게 분별할 수 있는 능력이 없다는 뜻이에요.

14. 유종의 ㅁ 를 거두다

➡ 어떤 일의 마무리가 아름답게 끝났다는 말이에요.

가닥을 잡다

'가닥'은 실이나 줄기 등의 낱낱의 줄을 가리켜요.
흩어진 가닥을 보기 좋게 잘 정리하듯이 어떤 일이 생겼을 때 분위기, 상황, 생각 등을 이치나 논리에 따라 바로잡는 것을 뜻해요.
'가닥이 잡히다'라고 표현하기도 해요.

"무엇을 어떻게 쓸지 가닥을 잡고 글쓰기를 했어요."

가면을 벗다

본래의 모습을 드러내거나 속마음을 나타내는 것을 말해요.
'가면'은 연극이나 놀이에서 쓰는 물건 이외에도 거짓으로
꾸민 모습을 뜻해요. 즉, '가면을 벗다'는 거짓으로
꾸민 정체를 드러내는 것을 가리켜요.

반대되는 표현

가면을 쓰다

 그는 드디어 **가면을 벗고** 우리에게 정체를 드러냈다.

 이제 **가면을 벗고** 솔직하게 이야기해 봐!

가슴에 새기다

잊지 않게 단단히 마음에 기억해 둔다는 뜻이에요.
'새기다'는 글씨나 형상을 판다는 뜻 외에
마음속에 깊이 기억한다는 뜻도 있어요.

비슷한 표현

마음에 새기다 / 뼈에 새기다

 선생님이 해 주신 말씀을 **가슴에 새겼어요.**

 '난 할 수 있다'는 말을 항상 **가슴에 새기며** 살았다.

가슴이 벅차다

기쁨이나 감격이 커져서 마음에 넘쳐나는 것을 뜻해요. '벅차다'는 감당하기 어렵다는 뜻과 기쁨이나 희망 등이 넘칠 듯이 가득하다는 뜻도 있어요.

> **비슷한 표현**
> 가슴이 벅차오르다

 드디어 합격했다는 소식을 듣고 **가슴이 벅찼다**.

 가슴 벅차게 차오르는 기쁨을 주체할 수 없었어.

가시가 돋다

상대방을 공격하거나 불평불만이 있다는 뜻이에요. '가시가 돋다'를 강조하여 '가시가 돋치다'라고 쓰기도 해요. '말에 가시가 돋쳐 있다'는 표현은 상대방의 마음을 아프게 하는 말이라는 뜻이에요.

 성민이는 **가시 돋친** 눈으로 친구를 쳐다보았다.

 서로 **가시 돋친** 말싸움이 이어졌어요.

가타부타 말이 없다

'가타부타'의 '가(可)'는 옳다, '부(不)'는 아니라는 뜻으로, 어떤 일에 옳다느니 그르다느니 의견을 말하는 것이에요. 따라서 '가타부타 말이 없다'는 옳다거나 그르다거나 어떤 말도 하지 않는 것을 뜻해요.

반대되는 표현
왈가왈부하다

 부모님은 내 시험 결과를 보시고도 **가타부타 말이 없었다**.

 그는 평소에도 **가타부타 말이 없으니** 속을 알 수 없어.

각광을 받다

많은 사람에게 주목을 받는 것을 뜻해요.
'각광'은 무대의 앞쪽 아래에 설치하여 배우를 돋보이게 비추는 조명이에요.

비슷한 표현
주목을 받다 / 관심을 끌다

 초등학생 희망 직업으로 운동선수가 **각광을 받고** 있다.

 그는 요즘 **각광을 받는** 신인 배우예요.

각축을 벌이다

이기기 위해 서로 맞서서 힘을 겨룬다는 뜻이에요.
'각축(角逐 뿔 각, 쫓을 축)'은 서로 이기려고
다투는 일을 가리켜요. 옛날에 짐승의 뿔을 잡아
포획하는 것에서 유래한 말이에요.

 전국에서 모인 선수들이 우승컵을 놓고 **각축을 벌이고** 있다.

 두 회사는 앞서거니 뒤서거니 하며 **각축을 벌여** 왔다.

간담이 서늘하다

몹시 놀라서 섬뜩하다는 뜻이에요.
뜻밖의 위험이나 두려운 일을 당했을 때 쓰는 표현이에요.
'간담(肝膽 간 간, 쓸개 담)'은 간과 쓸개를 뜻하며,
속마음을 비유적으로 이르는 말이에요.

비슷한 표현

간이 서늘하다

 무서운 영화를 보고 나니 **간담이 서늘해졌어**.

 잔인한 범죄 뉴스에 **간담이 서늘해져서** 아무 말도 할 수 없었다.

간이 콩알만 해지다

'콩알'은 콩의 낱알을 뜻하며, 매우 작은 물건을 비유적으로 이르는 말이에요. 간이 콩알처럼 작아질 정도로 몹시 두려워지거나 무서워진다는 뜻이에요.

 밤길을 걸으며 귀신 이야기까지 들으니 **간이 콩알만 해졌어.**

 갑자기 치는 천둥소리에 놀라서 **간이 콩알만 해졌어.**

갈피를 잡지 못하다

어찌해야 할지 판단하지 못하고 갈팡질팡하는 것을 가리켜요. '갈피'는 일의 갈래가 구별되는 경계 부분을 말해요. 갈피를 잡지 못하면 일을 제대로 파악하고 해 나갈 수 없어요.

비슷한 표현
갈피를 못 잡다

 이 일을 어떻게 해결해야 할지 **갈피를 잡지 못하겠어.**

 그는 어디로 가야 할지 **갈피를 잡지 못하고** 서성였다.

감투를 쓰다

'감투'는 옛날에 나랏일을 맡은 벼슬아치나 지위가 높은 사람이 머리에 쓰던 모자예요. 관직에서 일할 때는 정해진 옷과 모자를 써야 했어요. 그래서 '감투를 쓰다'는 높은 지위나 중요한 직책을 맡았을 때 쓰는 표현이며, '감투를 벗다'는 중요한 직책을 내려놓는 것을 말해요.

"회장이라는 감투를 쓰니 책임감에 힘들었어요."

개의치 말다

'개의(介意 낄 개, 뜻 의)'는 어떤 일을 마음에 두고 생각하거나 신경 쓰는 것을 의미해요. 주로 부정어와 함께 쓰여요. 그래서 '개의치 말다'는 기분 나쁜 일은 마음에 담아 두거나 신경 쓰지 말라는 뜻이에요.

비슷한 표현
개의치 않다

 남의 말에 **개의치 말고** 네 계획대로 해 봐.

 그의 장난스러운 농담에 **개의치 마라**.

걱정이 태산이다

'태산'은 중국에 있는 높고 큰 산의 이름이에요. 앞으로 해결해야 할 일이 너무 많거나 복잡해서 걱정이 태산처럼 크다는 뜻이에요.

 시험이 코앞인데 공부를 하지 않아서 **걱정이 태산이야**.

 엄마는 사춘기 형 때문에 **걱정이 태산이라고** 하셨다.

겁에 질리다

잔뜩 겁을 먹어서 무서워한다는 뜻이에요.
'질리다'는 놀라거나 두려워서 풀이 꺾인다는
뜻이 있고, 또 어떤 일이나 음식에 싫증이
날 때도 쓰는 말이에요.

 그는 얼굴이 하얘질 정도로 **겁에 질려** 있었다.

 겁에 질린 강아지를 꼭 안아 주었어요.

고개를 숙이다

남에게 항복하거나 굴복한다는 뜻이에요.
또 기세가 꺾여 누그러진다는 뜻도 있어요.
반대의 뜻으로 '고개를 들다'는 남을 떳떳하게
대하거나 기세가 활발해지는 것을 의미해요.

반대되는 표현

고개를 들다 / 낯을 들다 / 얼굴을 들다

 두 나라의 전쟁에서 **고개를 숙일** 수밖에 없었다.

 상대편의 기세에 눌려 첫 경기부터 **고개를 숙이고** 말았다.

고배를 마시다

'고배(苦杯 쓸 고, 잔 배)'는 쓴맛이 나는 술잔을 뜻하며,
아픈 경험을 비유적으로 이르는 말이기도 해요.
'고배를 마시다'는 실패나 아픈 경험을 했다는 뜻이에요.

비슷한 표현
고배를 들다 / 고배를 맛보다

 이번 경기에서는 **고배를 마셨지만** 좋은 경험이 됐어.

 열심히 준비했는데 시험에서 두 번의 **고배를 마시고** 말았어.

구미가 당기다

'구미(口味 입 구, 맛 미)'는 입맛을 뜻하는 한자어예요.
'구미가 당기다'는 먹을 것에 입맛이 당긴다는 뜻도 있지만,
어떤 일에 흥미가 생길 때도 쓰는 표현이에요.

비슷한 표현
구미를 돋우다

 동아리에 가입하면 선물을 준다니 **구미가 당기는걸.**

 저 신상품은 별로 **구미가 당기지** 않아.

구색을 갖추다

'구색(具色 갖출 구, 빛깔 색)'은 여러 가지 물건이나 필요한 요소를 서로 어울리도록 고루 갖춘 것을 뜻해요. '구색을 갖추다', '구색을 맞추다'도 같은 뜻이에요.

> **비슷한 표현**
> 구색을 맞추다

 제대로 **구색을 갖춘** 밥상 차림에 군침이 돌았다.

 가방부터 액세서리까지 **구색을 갖춘** 소품들이 진열돼 있었다.

귀가 번쩍 뜨이다

들리는 말이나 어떤 소식에 정신이 번쩍 드는 것을 뜻해요. 흥미로운 말이나 이야기에는 자신도 모르게 귀를 기울이게 되는데 이럴 때 쓰는 표현이에요.

 눈이 번쩍 뜨이고 **귀가 번쩍 뜨이는** 이야기를 해 줄게.

 그동안 애타게 기다리던 소식에 **귀가 번쩍 뜨였다**.

귀가 얇다

남의 말을 쉽게 믿고 받아들인다는 뜻이에요.
귀가 팔랑팔랑할 정도로 얇아서 다른 사람의 말에
잘 흔들리는 '팔랑귀'를 가진 사람에게 쓰는 표현이에요.

 귀가 얇아서 남 이야기만 듣고 손해를 보는 일이 많다.

 물건을 사러 가면 **귀가 얇아서** 점원 말에 충동구매를 하게 돼.

귀를 기울이다

남의 말이나 이야기에 관심을 가지고 적극적으로
듣는 것을 뜻해요. '기울이다'는 비스듬하게
한쪽을 낮춘다는 뜻과 정성이나 노력 등을
한곳으로 모은다는 뜻이 있어요.

 강연이 시작되자 우리는 선생님 말씀에 **귀를 기울였어.**

 회의 시간에는 반대 의견에도 **귀를 기울여야 해!**

귀를 의심하다

믿기 어려운 말을 들어 잘못 들은 게 아닌가 생각한다는 뜻이에요. 예상하지 못했던 이야기를 들었을 때, 바라던 일이 드디어 이루어졌다는 소식을 들었을 때 상대방의 말을 제대로 들은 것이 맞는지 스스로를 의심한다는 말이에요.

"**복권 당첨 소식에 귀를 의심했어요.**"

귀에 못이 박히다

여기에서 '못'은 뾰족한 못이 아닌, 살갗에 생기는
굳은살을 뜻해요. 귀에 굳은살이 생길 수는 없지만
그 정도로 같은 말을 너무 여러 번 들었다는 것을 의미해요.

비슷한 표현
귀에 딱지가 앉다

 엄마의 잔소리를 **귀에 못이 박히게** 듣고 있어요.
 귀에 못이 박히게 들었던 이야기를 또 들었다.

그릇이 작다

어떤 일을 해 나가는 능력이나 마음 씀씀이가
작다는 뜻이에요. '그릇'은 음식이나 물건을 담을 때
쓰는 기구이지만, 사람의 능력이나 마음씨를
비유적으로 이르는 말이기도 해요.

반대되는 표현
그릇이 크다

 그는 **그릇이 작아서** 지도자로서 큰일을 하기 어려울 것 같아.
 난 아직 **그릇이 작아서** 더 배워야 할 게 많아요.

긁어 부스럼을 만들다

'부스럼'은 피부에 나는 종기예요.
부스럼이 아물기 전에 긁으면 상처가 더
커질 수 있어요. 공연히 건드려서 더 큰 문제를
만드는 경우를 가리켜 '긁어 부스럼을 만들다',
'긁어 부스럼이다'라고 표현해요.

 그에게 괜한 말을 해서 **긁어 부스럼을 만들었다**.

 공연히 **긁어 부스럼 만들지** 말고 가만히 있는 게 좋겠어!

급한 불을 끄다

앞에 닥친 몹시 급한 문제를 먼저 해결한다는
뜻이에요. 불이 나면 당연히 서둘러 꺼야 하지요.
이는 급한 문제를 먼저 처리하지만 근본적인
문제는 아직 남아 있다는 것을 의미해요.

 급한 불부터 끄고 나서 다음 일을 생각해 보자!

 항상 **급한 불만 끄다** 보니 맡은 일을 끝내지 못하고 있다.

기가 막히다

'기(氣)'는 우리가 활동하는 힘, 숨 쉴 때 나오는 기운을 뜻해요. 기가 막히면 사람이 움직일 수 없듯이 황당하고 어이없는 일을 당했을 때 쓰는 표현이에요.

비슷한 표현
기가 차다

  약속을 일방적으로 취소하다니 **기가 막히다**.

  그 이야기를 듣고 **기가 막혀서** 말이 안 나왔어.

기가 살다

기운이 없고 약했던 힘이나 의지가
어떤 계기로 세질 때 쓰는 표현이에요.

반대되는 표현
기가 죽다

  선생님의 칭찬에 **기가 살아서** 더욱 열심히 공부했다.

  무슨 일이든 잘 한다는 말을 들으면 신이 나고 **기가 산다**.

기를 쓰다

우리가 활동하려면 힘이 필요한데
어떤 일에 온 힘을 다하는 것을 말해요.

 동생이 **기를 쓰고** 나를 쫓아왔어.

 민수는 회의 시간에 **기를 쓰고** 자기 의견을 밀어붙였다.

기색이 역력하다

'기색'은 얼굴에 드러나는 빛이고,
'역력하다'는 또렷하고 분명하다는 뜻이에요.
즉, 마음과 기분의 변화가 얼굴빛으로
드러나는 것을 이르는 말이에요.

 일을 마치고 퇴근한 아빠는 피곤한 **기색이 역력했다**.

 그는 상대의 뜻밖의 말에 당황한 **기색이 역력했다**.

기선을 잡다

'기선'은 운동 경기나 싸움에서 상대방의
기세를 누르기 위해 먼저 행동하는 것을 뜻해요.
그래서 '기선을 잡다'는 상대방보다 먼저 행동하여
앞서간다는 뜻이에요.

> **비슷한 표현**
> 기선을 제압하다

 우리 팀이 경기 초반에 두 점을 따내며 **기선을 잡았다.**

 기선을 잡으려면 처음부터 앞서 나가야 해!

기승을 부리다

'기승'은 억척스럽고 굳센 성질이나 마음씨를 가리켜요.
'기승을 부리다'는 성질이 억척스럽고 세서 남에게
굽히지 않는 행동을 말하며, 기운이나 힘이 왕성해서
좀처럼 누그러들지 않는 상태를 이르는 말이에요.

 전염병이 전국적으로 **기승을 부리고** 있어요.

 방학을 하자마자 불볕더위가 **기승을 부렸다.**

기탄없이 말하다

'기탄(忌憚 꺼릴 기, 꺼릴 탄)'은 어렵게 여겨 꺼린다는 뜻이에요. 따라서 '기탄없이 말하다'는 어려움이나 거리낌 없이 솔직하게 말하는 것을 뜻해요. 자신의 의견을 말하고 싶을 때는 기탄없이 말할 줄 아는 용기도 필요해요.

"회의 시간에 아이들이 **기탄없이 말하며** 의견을 냈어요."

길목에 서 있다

중대한 변화가 있는 중요한 때를 뜻해요.
'길목'은 큰길에서 좁은 길로 들어가는 곳을 말하지만,
어떤 시기에서 다른 시기로 넘어가는 때를
이르는 말이기도 해요.

 추운 겨울이 지나고 봄이 오는 **길목에 서 있다**.

 여기서 멈추느냐, 나아가느냐 하는 중요한 **길목에 서 있다**.

까맣게 잊다

'까맣다'는 검은 빛깔을 뜻해요. 그 밖에 시간이나
거리가 아득하게 멀다는 뜻과 기억이나 아는 바가
전혀 없다는 뜻도 있어요. 그래서 아득하게 잊은
상태를 표현할 때 '까맣게 잊다'라고 말해요.

비슷한 표현

까맣게 모르다

 오늘 너와 만나기로 약속한 것을 **까맣게 잊고** 있었어.

 까맣게 잊고 지냈던 친구를 길에서 우연히 만났다.

깨가 쏟아지다

오붓하게 사이가 좋고 재미있게 지낸다는 뜻이에요.
'깨'는 수확할 때 살짝 털기만 해도 쉽게 떨어져
마치 쏟아지는 것처럼 느껴져요. 우수수 쏟아지는
깨에 비유해서 생긴 말이에요.

 스타 부부는 **깨가 쏟아지는** 신혼 생활을 공개했다.

 둘은 **깨가 쏟아지도록** 도란도란 이야기를 나누었어.

꼬리를 감추다

사람이 어디에 있는지 알 수 없게 달아나거나
도망갔을 때 쓰는 표현이에요.

비슷한 표현

꼬리를 숨기다

 선생님이 오시자 장난꾸러기 남자애들이 **꼬리를 감추고** 달아났어.

 범인은 **꼬리를 감추고** 사람들을 불안에 떨게 했다.

꼬리를 물다

어떤 일이 끝없이 계속 이어질 때 쓰는 말이에요.
'꼬리'는 동물의 신체 일부를 가리키지만,
그 외에도 어떤 무리의 끝이나 사물의 끝을
비유적으로 이르는 말이기도 해요.

비슷한 표현

꼬리를 잇다 / 꼬리에 꼬리를 물다

 도로에는 꽃구경에 나선 차량들이 **꼬리를 물고** 이어졌다.

 소문은 꼬리에 **꼬리를 물고** 퍼져 나갔다.

꼬투리를 잡다

상대방을 헐뜯거나 결점을 문제 삼는 것을 말해요.
'꼬투리'는 흔히 콩과 식물의 씨앗 껍질을
가리키지만, 여기에서는 남을 해코지하거나
헐뜯을 만한 거리를 뜻해요.

 왜 내 말에 자꾸 **꼬투리를 잡아** 괴롭히는 거야?

 그는 내가 하는 일이라면 어떻게든 **꼬투리를 잡아** 나무랐다.

꽁무니를 빼다

슬그머니 피하거나 달아난다는 말이에요.
'꽁무니'는 사람이나 동물의 엉덩이 뒷부분,
사물의 끝부분을 뜻해요. '빼다'는 달아나거나
도망친다는 의미를 가지고 있어요.

> 반대되는 표현

꽁무니를 쫓아다니다

 기다리라고 했더니 어느새 **꽁무니를 빼고** 달아났군!

 할 일이 점점 많아지자 사람들은 **꽁무니를 빼기** 시작했다.

난관에 봉착하다

'난관(難關 어려울 난, 관문 관)'은 통과하기 어려운
문을 뜻하며, '봉착(逢着 만날 봉, 다다를 착)'은 만나게
되었다는 뜻이에요. 그래서 '난관에 봉착하다'는 어려움이나
곤란한 상황을 만났을 때 쓰는 표현이에요.

 우리는 여행 중에 예약한 기차를 놓치는 **난관에 봉착했다**.

 어떤 **난관에 봉착하더라도** 우리의 도전은 멈출 수 없어.

난다 긴다 하다

재주나 능력이 뛰어나다는 뜻이에요.
'난다'는 윷놀이에서 말판을 잘 써서 말을 판 밖으로 내보내는 것이며, '긴다'는 긴(남의 말을 잡을 수 있는 거리)에 있는 상대편 말을 잡는 것을 의미해요. 즉, '난다 긴다'는 윷놀이를 아주 잘하는 사람을 뜻하는 말에서 무엇이든지 잘하는 사람으로 뜻이 바뀌었어요.

 세계에서 **난다 긴다 하는** 학자들이 한자리에 모였어요.

 난다 긴다 하는 뛰어난 뮤지션과 댄서들을 보러 갔다.

날개 돋치다

상품이 인기가 있어 빠른 속도로 팔려 나가는 것을 뜻해요. '날개'는 더 멀리 날 수 있게 해 주기 때문에 여기에 비유해서 생긴 말이에요.

 요즘 유행하는 옷이 **날개 돋친 듯** 팔린다는군.

 할인 행사를 하는 물건들이 **날개 돋친 듯** 팔리고 있었다.

날개를 달다

능력이나 상황 등이 더 좋아지는 것을 뜻해요. 만약 사람에게도 날개가 있다면 훨훨 날아서 어디든 갈 수 있고, 그만큼 자신의 능력도 거침없이 펼칠 수 있을 거예요. '날개를 단 것처럼 실력 발휘를 하다', '날개를 달고 승승장구하다' 등으로 표현해요.

"내 꿈에 날개를 달고 열심히 나아갈 거예요."

낯이 뜨겁다

얼굴이 붉어지는 것에 더해 뜨거워질 정도로
부끄러울 때 쓰는 표현이에요.

비슷한 표현
얼굴이 뜨겁다

 큰맘 먹고 고백했는데 거절 당해서 **낯이 뜨거워졌어**.

 갑자기 창피한 마음이 들어 **낯이 뜨거워졌다**.

너스레를 떨다

'너스레'는 수다스럽게 떠벌려 늘어놓는
말이나 행동을 뜻해요. '너스레를 떨다',
'너스레를 부리다'도 같은 뜻으로 쓰여요.

비슷한 표현
너스레를 부리다 / 너스레를 놓다 / 너스레를 피우다

 찬미는 어색한 분위기를 바꿔 보려고 **너스레를 떨었다**.

 그는 친한 친구를 만난 듯 한참 동안 **너스레를 떨었다**.

넋을 잃다

'넋'은 사람의 혼이나 정신을 뜻해요.
'넋을 잃다'는 제정신을 잃고 멍한 상태가 되거나,
어떤 사물을 보는 데 열중하여 정신이
없어 보일 때 쓰는 표현이에요.

비슷한 표현
넋이 나가다

 엄마는 삼촌의 사고 소식에 그만 **넋을 잃고** 말았어요.

 영화가 너무 재미있어서 **넋을 잃고** 보았다.

눈 깜짝할 사이

눈을 한 번 깜박하는 매우 짧은 순간을 말해요.
'순식간', '한순간'이라는 말과도 같은 뜻이에요.

 눈 깜짝할 사이에 과자를 다 먹어 버렸어.

 눈 깜짝할 사이에 날씨가 바뀌어 비가 내렸다.

눈도 깜짝 안 하다

조금도 놀라지 않고 태연하다는 뜻이에요.
무언가에 놀라면 나도 모르게 눈을 감게 되는데
눈도 깜짝 안 한다는 말은 그만큼 두려워하거나
놀라지 않고 태연하게 행동하는 것을 의미해요.

비슷한 표현

눈 하나 깜짝 안 하다

 온갖 선물로 유혹해도 동생은 **눈도 깜짝 안 했다.**

 그는 사람들의 비난에도 **눈도 깜짝 안 했다.**

눈독을 들이다

'눈독'은 욕심을 내어 바라보는 기운을 뜻하며,
욕심을 내어 눈여겨보거나 남의 것을 몹시
가지고 싶어 하는 것을 '눈독을 들이다',
'눈독이 들다'라고 표현해요.

 나는 백화점에서 본 명품 신발에 **눈독을 들였다.**

 남의 것에 **눈독을 들이면** 안 돼!

눈 딱 감다

더 이상 다른 것은 생각하지 않겠다는 뜻이에요.
그 밖에 다른 사람의 잘못을 보았지만
못 본 척한다는 뜻도 있어요.

 눈 딱 감고 가지고 있던 것을 그들에게 모두 주었다.

 눈 딱 감고 이번만 내 의견을 따라 주는 게 어때?

눈 밖에 나다

상대방의 눈 바깥으로 쫓겨났다는 것으로,
상대방에게 믿음을 잃고 미움을 받게
되었을 때 쓰는 표현이에요.

내가 뭘 잘못해서
눈 밖에 났을까?

반대되는 표현
눈에 들다

 윤서는 약속을 잘 지키지 않아 친구들의 **눈 밖에 났다.**

 너무 튀는 행동을 해도 사람들 **눈 밖에 날 수** 있어!

눈살을 찌푸리다

마음에 못마땅한 일이 생겼을 때 두 눈썹 사이에
주름이 잡힐 정도로 찡그리는 것을 말해요.
'눈살'은 두 눈썹 사이에 잡히는 주름을 가리켜요.

 공공장소에서 사람들의 **눈살을 찌푸리게** 하는 행동은 자제해야 해!

 학교에서 욕설하는 아이 때문에 **눈살이 찌푸려졌다.**

눈앞이 캄캄하다

어두우면 앞이 잘 보이지 않아 헤매듯이
어찌할 바를 몰라 막막할 때 쓰는 표현이에요.
어떤 일을 해결할 방법이 떠오르지 않을 때
기분을 나타내는 말이기도 해요.

비슷한 표현
눈앞이 아득하다

 갑자기 길을 잃으니 **눈앞이 캄캄했다.**

 남은 일을 혼자서 해야 할 생각에 **눈앞이 캄캄해졌다.**

눈에 거슬리다

'거슬리다'는 상대방의 말이나 행동이 잘 받아들여지지 않고 불쾌한 느낌이 드는 것을 말해요. '눈에 거슬리다'는 눈으로 보기에 마땅치 않아 불쾌하다는 뜻이며, '귀에 거슬리다'는 귀로 듣기에 마음에 들지 않아 듣기 싫다는 말이에요.

"둘이서 속닥거리는 모습이 눈에 거슬렸어요."

눈에 밟히다

어떤 일이 잊히지 않고 자꾸 생각난다는 말이에요.
실제 눈앞에 나타나는 것이 아니라 누군가를
그리워하거나 안쓰러워하는 마음을 표현할 때 쓰여요.

 얼마 전에 전학 간 친구가 자꾸 **눈에 밟혀요**.

 울면서 학교에 간 동생이 종일 **눈에 밟혔다**.

눈에 불을 켜다

무언가에 몹시 욕심을 내거나 관심을
기울이는 것을 가리켜요. 그 외에도
화가 나서 눈을 부릅뜬다는 뜻도 있어요.

비슷한 표현

눈에 쌍심지를 켜다

 눈에 불을 켜고 게임을 하다 보면 시간 가는 줄 모른다.

 태식이는 **눈에 불을 켜고** 나에게 달려들어 소리를 질렀다.

눈에 차다

흡족하게 마음에 들었을 때 쓰는
표현이에요. '눈에 차다', '눈에 들다'는
마음에 든다는 뜻이에요.

> **비슷한 표현**
>
> 눈에 들다 / 마음에 차다

 그 사람은 진실해 보이지 않아서 **눈에 차지** 않아.

 눈에 차는 옷이 없어서 사지 못했어.

눈치를 살피다

남의 마음이나 일이 돌아가는 그때그때의
상황을 알려고 노력한다는 뜻이에요.

> **비슷한 표현**
>
> 눈치를 보다

 이젠 남의 **눈치를 살피지** 않고 내가 하고 싶은 대로 할 거야.

 밀린 숙제 때문에 엄마 **눈치를 살피며** 게임을 했다.

눈코 뜰 사이 없다

정신을 차릴 수 없이 몹시 바쁘다는 말이에요.
눈을 떠서 보거나 코로 숨을 쉴 틈도 없이
바쁘다는 것을 의미해요.

 엄마는 하루 종일 바빠서 **눈코 뜰 사이 없대요**.

 오늘은 정말 **눈코 뜰 사이 없이** 바쁜 하루였다.

다리 뻗고 자다

근심이나 걱정 없이 마음 놓고 편히
잔다는 뜻이에요. 걱정하던 일이 해결되면
전전긍긍하던 마음을 놓고 편히 쉴 수 있게 되지요.

비슷한 표현

발 뻗고 자다

 시험이 끝났으니 이제 **다리 뻗고 잘 수** 있겠군.

 아직 할 일이 남아 있어서 **다리 뻗고 잘 수가** 없어.

담쌓고 지내다

일이나 사람과의 관계를 끊고 지내는 것을 말해요.
담을 쌓는 것은 안과 밖을 구분 짓는 일로,
관심을 두지 않거나 잘 지내던 사이를
끊고 지낼 때도 비유적으로 쓰여요.

비슷한 표현

담을 쌓다 / 담을 지다

 그 친구와는 싸우고 나서 **담쌓고 지낸 지** 오래됐어.

 공부와는 **담쌓고 지내는** 네가 도서관에는 웬 일이야?

대미를 장식하다

'대미(大尾 큰 대, 꼬리 미)'는 큰 꼬리를 뜻하는
한자어로, 시간이나 순서상의 맨 마지막을 가리켜요.
즉, 마지막을 멋지게 마무리하는 것을
'대미를 장식하다'라고 표현해요.

 불꽃놀이가 여름밤 축제의 **대미를 장식했다**.

 가수들이 모두 나와 노래를 부르며 콘서트의 **대미를 장식했다**.

대세가 기울다

'대세(大勢 큰 대, 형세 세)'는 큰 형세,
일의 결정적인 형세를 뜻해요.
따라서 '대세가 기울다'는 어떤 대결이나
전쟁, 싸움 등에서 이기고 있다는 뜻이에요.

 이번 경기는 이미 우리 팀으로 **대세가 기울었어**.

 회장 선거는 이미 윤찬 쪽으로 **대세가 기운 것 같아**.

도마 위에 오르다

어떤 대상이나 사물이 비판의 대상이 되는
것을 말해요. 도마 위에 오른 재료들은 칼질을
당하게 되듯이, 사람들의 입에 오르내리며 비판의
대상이 되는 것을 비유적으로 표현하는 말이에요.

 학교 폭력 문제가 다시 **도마 위에 올랐다**.

 그의 예의 없는 방송 태도가 언론의 **도마 위에 올랐다**.

도화선이 되다

'도화선'은 폭약을 터뜨릴 때 불을 붙이는 심지예요. 여기에서 의미가 확장되어 '도화선이 되다'는 어떤 사건이 일어나는 직접적인 원인이 되는 것을 뜻해요. '싸움의 도화선이 되다', '변화의 도화선이 되다', '사건을 일으킨 도화선이 되다' 등으로 표현해요.

"사소한 말이 도화선이 돼서 큰 싸움을 만들 수 있어요."

된서리를 맞다

'된서리'는 늦가을에 아주 세게 내리는 서리예요.
모진 재앙이나 타격에 비유하는 말이기도 해요.
갑자기 어려운 상황에 처했을 때 '된서리를 맞다'라고
비유적으로 표현해요.

 경기 불황으로 상가들이 **된서리를 맞았다.**

 기대했던 오디션에서 불합격의 **된서리를 맞았다.**

득달같이 달려오다

잠시도 머뭇거리지 않고 바삐 달려오는 것을 뜻해요.
'득달같이'는 잠시도 늦추지 않는다는 말로,
'득달같이 달려가다', '득달같이 해치우다',
'득달같이 쫓아가다' 등으로 흔히 쓰이는 낱말이에요.

 미진이는 내 입원 소식을 듣고 **득달같이 달려왔다.**

 주변에서 사람들이 **득달같이 달려와** 노인을 도왔어요.

등골이 서늘하다

'등골'은 등 한가운데로 길게 골이 진 부분으로 신경 중추가 있어요. '등골이 서늘하다'는 두려움 때문에 등골에 찬물을 끼얹은 것처럼 으스스하다는 뜻이에요.

> 비슷한 표현

등골이 오싹하다

 어두운 골목을 혼자 걷자니 **등골이 서늘해졌다.**

 빈 집에 들어서자 순간 **등골이 서늘했다.**

등을 돌리다

누군가와 관계를 끊고 외면하는 것을 뜻해요. 상대방의 얼굴을 마주 대하지 않고 등을 보이며 돌아서는 것은 관계가 틀어지거나 외면함을 뜻하는 표현이에요.

> 비슷한 표현

등을 지다

 친구들의 뒷담화를 하고 다니던 그에게 모두 **등을 돌렸어.**

 예상하지 못했던 소식에 팬들은 실망하여 그에게서 **등을 돌렸다.**

딱 부러지다

아주 확실하고 단호함을 나타내는 말이에요.
'부러지다'는 물체가 꺾여 두 동강이 나는 것을
뜻하지만, 말이나 행동이 확실하고 단호함을
표현하는 말이기도 해요.

 싫은 건 **딱 부러지게** 말해야 상대방이 알 수 있어!

 예람이는 무슨 일이든 **딱 부러지게** 해서 부러워요.

뜬구름 잡다

'뜬구름'은 헛되고 쓸모없는 세상일을
비유하는 말이에요. 따라서 '뜬구름 잡다'는
막연하거나 허황된 것을 좇는 것을 뜻해요.

비슷한 표현

구름을 잡다

 무슨 **뜬구름 잡는** 소리를 하는 거야?

 뜬구름 잡는 이야기만 하지 말고 실행할 수 있는 일을 말해 봐.

마음을 먹다

무엇을 하려고 마음속으로 작정했다는 뜻이에요.
고민하던 일의 생각을 정했다는 뜻도 있어요.
'마음'은 사람의 생각, 감정, 기억이 자리 잡거나
생겨나는 곳으로 여러 가지 뜻을 가지고 있어요.
그만큼 마음은 사람에게 있어 중요한 것이에요.

 성적을 꼭 올리겠다고 **마음을 먹고** 열심히 공부했다.
 이번엔 내가 하고 싶은 걸 꼭 해 보기로 **마음을 먹었다.**

마음이 무겁다

걱정이 많다는 뜻이에요. '무겁다'는 짐처럼
무게의 정도를 뜻하기도 하지만, 마음이
유쾌하지 않고 우울하다는 뜻도 있어요.

 이렇게 많은 숙제를 어떻게 할지 **마음이 무거워요.**
 아픈 엄마 때문에 하루 종일 **마음이 무거웠다.**

만반의 준비

'만반(萬般 일만 만, 가지 반)'은 갖출 수 있는 모든 것을 가리켜요. 즉, '만반의 준비'는 미리 갖추거나 마련할 수 있는 모든 것을 준비한다는 뜻이에요.

비슷한 표현
만반의 대비 / 만반의 태세

 생일 파티를 위한 **만반의 준비**를 끝냈다.

 대회에 나가기 위해 **만반의 준비**를 하고 있어!

말끝을 흐리다

생각이나 의견을 분명하지 않고 어렴풋하거나 모호하게 말하는 것을 뜻해요. 말을 시작하고서 끝을 모호하게 얼버무릴 때 쓰는 표현이에요.

 그는 맡은 일을 잘해낼 수 있을지 걱정이라며 **말끝을 흐렸다**.

 현수는 무슨 말을 하려는지 **말끝을 흐리며** 망설였다.

말문을 열다

'말문'의 문(門)은 입을 가리켜요. 말을 시작하는 것을 '말문을 열다'라고 표현해요. '말문을 막다'는 입을 막으면 말을 하지 못하듯이 말을 하지 못하게 한다는 뜻이에요. '말문이 막히다'는 놀라서 말이 입 밖으로 나오지 않을 때 쓰여요.

"항상 말이 없던 아이가 **말문을 열어** 고백했어요."

말에 뼈가 있다

말 속에 겉으로 드러나지 않은 속뜻이
숨어 있다는 말이에요.

비슷한 표현
말에 가시가 있다 / 말 뒤에 말이 있다 / 말 속에 말 들었다

 선생님의 **말씀에는 뼈가 있어서** 다시 생각하게 돼요.

 그의 **말에 뼈가 있어서** 흘려들을 수 없었어.

머리가 굵다

성장해서 어른처럼 생각하거나 판단하게
되었다는 뜻이에요. 흔히 '머리가 굵어졌다',
'머리가 커졌다'라고 표현하는데 몸과 마음이 자라서
생각이나 판단하는 능력도 커졌다는 뜻으로 쓰여요.

 중학생이 되면 **머리가 굵어져서** 자신만의 생각이 많아진다고 해요.

 동생은 제법 **머리가 굵어졌다고** 부모님 말씀을 잘 듣지 않는다.

머리를 맞대다

어떤 일을 의논하거나 결정하기 위해 서로를 마주 대한다는 뜻이에요. 어떤 문제를 해결할 때 혼자 고민하기보다는 주변 사람과 의견을 나누면 쉽게 해결될 거예요.

비슷한 표현
머리를 모으다

 친구들과 **머리를 맞대고** 어려운 수학 문제를 풀었다.

 위험에 처한 강아지를 구하기 위해 모두 **머리를 맞대고** 고심했다.

머리를 식히다

긴장된 마음을 가라앉히고 편안하게 하는 것을 뜻해요. 머릿속의 복잡한 생각에서 벗어나 휴식을 취할 때 쓰는 표현이기도 해요.

반대되는 표현
열을 올리다

 공부에 집중이 안 돼서 밖에서 잠시 **머리를 식히고** 왔다.

 영화를 보며 **머리를 식히면** 복잡한 생각을 내려놓게 돼.

머리털이 곤두서다

너무 무섭거나 갑자기 놀라면 온몸에
소름이 돋지요. 이처럼 무섭거나 놀라서
신경이 날카로워진 상태를 표현하는 말이에요.

비슷한 표현

머리칼이 곤두서다

 영화에 무서운 장면이 나와서 **머리털이 곤두섰다**.

 골목에서 갑자기 튀어나온 고양이 때문에 **머리털이 곤두섰어**.

면목이 없다

'면목(面目 얼굴 면, 눈 목)'은 사람의 얼굴,
체면을 뜻해요. '면목이 없다'는 부끄러워서
남을 대할 수 없다는 말이에요.
상대방과 얼굴을 마주하고 눈을 바라볼 수
없을 정도로 부끄럽다는 뜻이에요.

 선생님과의 약속을 지키지 못해 찾아뵐 **면목이 없다**.

 미안한 마음에 그를 다시 볼 **면목이 없다**.

목소리를 높이다

'목소리'는 의견이나 주장을 비유적으로 이르는 말이에요. 의견을 강하게 말하는 것을 '목소리를 높이다'라고 해요.

반대되는 표현

목소리를 낮추다

 사람들은 인종차별 반대에 **목소리를 높였다.**

 그들은 잘못이 있으면 사과해야 한다고 **목소리를 높였어요.**

목을 놓다

크게 소리를 내 슬피 울거나 부르짖는 것을 이르는 말이에요. 주로 '목을 놓아 부르다', '목 놓아 울다' 등으로 표현해요.

 아기는 엄마가 보이지 않자, **목을 놓아** 울기 시작했어요.

 노래를 **목 놓아** 부르다 목이 쉬고 말았어.

목이 메다

어떤 감정이 북받쳐 목소리가 잘 나지 않는다는 뜻이에요. 너무 슬프거나 너무 기쁜 상황에 처해도 울컥한 마음에 말이 잘 나오지 않을 때가 있는데, 이럴 때 '목이 메다'라고 표현해요.

 목이 메어 말을 다 하지 못하고 울음을 터뜨렸어요.

 합격 소식을 듣고 너무 기뻐 **목이 메었다**.

못을 박다

다른 사람에게 원통한 생각을 마음속 깊이 심어 주었을 때 쓰는 표현이에요. 또 어떤 사실을 꼭 집어 분명하게 말할 때도 '못을 박다'라고 해요.

 부모님의 가슴에 **못을 박는** 행동을 하면 안 돼요.

 그에게 다시는 말을 바꾸지 않도록 **못 박아** 이야기했다.

1장 | 관용어로 어휘력 키우기

무릎을 치다

무릎을 치는 것은 갑자기 놀라운 사실을 알게 되었을 때, 희미했던 기억이 되살아났을 때, 좋은 생각이 갑자기 떠올랐을 때 감탄하며 하는 행동이에요. 이렇듯 기쁨을 나타내는 표현이지요. '좋은 생각이 났는지 무릎을 쳤다', '무릎을 칠 정도로 멋진 생각이 났다' 등으로 쓰여요.

"친구가 내 말에 무릎을 치며 좋아했어요."

물거품이 되다

'물거품'은 노력이 헛되게 된 상태를 비유적으로 이르는 말이에요. 그동안의 노력이 성과를 이루지 못하고 쓸모없게 되었을 때 '물거품이 되다'라고 표현해요.

> **비슷한 표현**
> 허사가 되다

 한순간의 실수로 여러 날 작업한 게 **물거품이 돼** 버렸어.

 비가 오는 바람에 소풍 계획은 **물거품이 되고** 말았어.

물꼬를 트다

'물꼬'는 논에 물이 들어오게 하거나 나가게 하기 위해 만든 좁은 물길이에요. 또 어떤 일의 시작을 비유적으로 이르는 말이에요. 물꼬를 트는 것은 벼가 잘 자라는 데 꼭 필요한 일이며, 일의 실마리를 푸는 것도 '물꼬를 트다'라고 표현해요.

 남북 정상회담으로 남북 교류의 **물꼬를 텄다**.

 야구 경기에서 대역전의 **물꼬를 트는** 안타를 쳤다.

물 만난 고기

물고기는 물이 있어야 자유롭게 활동할 수 있어요.
사람도 자신만의 능력을 발휘하는 시기가 있어요.
'물 만난 고기'는 제때를 만나서 활발하게 활동하기
좋은 상황을 가리키는 말이에요.

 아이들은 밖으로 나오니 **물 만난 고기**처럼 신나게 뛰어다녔다.

 그는 **물 만난 고기**처럼 자신의 실력을 아낌없이 보여 주었다.

물망에 오르다

'물망(物望 만물 물, 바랄 망)'은 여러 사람이
우러러 보는 것을 뜻해요. 물망에 올랐다는 것은
주로 높은 직위의 인재를 뽑을 때 유력한 인물로
지목되었거나 어떤 일에서 성공할 가능성이
많은 대상으로 손꼽혔다는 뜻으로 쓰여요.

 한국 축구 대표팀의 감독으로 그가 **물망에 올랐다**.

 그는 신작 영화 주연 배우로 **물망에 올랐다가** 출연이 불발됐다.

물불을 가리지 않다

어떤 어려움이나 위험도 무릅쓰고
막무가내로 행동하는 것을 가리켜요.

비슷한 표현
물불 안 가리다

 그는 성공을 위한 일이라면 **물불을 가리지 않아요**.

 형사는 범죄자를 잡기 위해 **물불을 가리지 않고** 일하는 사람이야.

밑도 끝도 없이

앞뒤의 관련성 없이 말을 불쑥 꺼내거나 상황이
갈피를 잡을 수 없게 전개되는 것을 뜻해요.
'밑'이나 '끝'은 사물의 경계가 되는 부분을
가리키는데, 경계도 가늠할 수 없이 갑작스럽게
하는 말이나 행동을 이를 때 쓰는 표현이에요.

 밑도 끝도 없이 갑자기 하는 말에 어안이 벙벙해졌다.

 밑도 끝도 없이 하던 일을 그만두겠다니, 천천히 설명을 해 봐.

바람을 맞다

상대가 만나기로 한 약속을 지키지 않아서
만나지 못하고 헛걸음했다는 뜻이에요.

 약속 장소에서 한 시간을 기다렸는데 결국 **바람을 맞았어**.

 친구에게 **바람을 맞은** 것이 불쾌하고 속상했다.

발걸음이 가볍다

'발걸음'은 발을 직접 옮겨서 걷는 동작을 가리켜요.
마음의 부담이나 거리낌이 없이 기분이 좋고 상쾌한
상태로 걷는 것을 '발걸음이 가볍다'라고 표현해요.

반대되는 표현
발걸음이 무겁다

 맡은 일을 끝내고 돌아오니 **발걸음이 가볍다**.

 날씨가 좋아서인지 오늘따라 **발걸음이 가볍게** 느껴져.

발등에 불이 떨어지다

어떤 일이 매우 급하게 닥쳤을 때 쓰는 표현이에요.
발등에 불이 떨어지면 빨리 꺼야 하는 급박한
상황이에요. 이럴 때는 앞뒤 가리지 않고
눈앞에 닥친 일을 빨리 해치워야 하지요.

비슷한 표현
불똥이 떨어지다

 발등에 불어 떨어지고 나서야 시험공부를 시작했어.

 계획을 세워도 **발등에 불이 떨어져야** 일을 서두르게 돼.

발 디딜 틈도 없다

사람들이 너무 많아서 혼잡하다는 뜻이에요.
말 그대로 발을 디딜 공간이 없을 정도로
사람들이 매우 많아서 오가기 힘든 상황을 가리켜요.

 놀이공원은 놀러온 사람들로 **발 디딜 틈도 없이** 시끌벅적했다.

 출근 시간에 지하철은 **발 디딜 틈도 없이** 사람들이 많다.

발목을 잡다

누군가 내 발목을 붙잡으면 걷거나 앞으로 나아가기 힘이 들어요. 이처럼 어떤 사람이 행동을 방해하거나 어떤 상태나 일에서 벗어나지 못하게 하는 것을 '발목을 잡다'라고 해요. 또 '발목이 잡히다'는 남에게 어떤 약점을 잡혔을 때 쓰는 표현이에요.

"공부하려는데 동생이 놀아 달라며 발목을 잡아요."

발 벗고 나서다

남의 일을 자기 일처럼 적극적으로 나서서 돕는 것을 뜻해요.

비슷한 표현
맨발 벗고 나서다

 우리는 **발 벗고 나서서** 그를 돕기로 했어요.

 재민이는 무슨 일이든 **발 벗고 나서는** 친구야.

발이 넓다

아는 사람이 많아서 활동하는 영역이 넓은 사람을 가리켜 쓰는 말이에요. '발'은 사람과의 관계나 교류와 관련된 표현에 자주 쓰여요.

반대되는 표현
발이 좁다

 유나는 **발이 넓어서** 아는 친구가 정말 많아.

 그는 **발이 넓어서** 다양한 분야에 지인들이 많다.

발이 떨어지지 않다

발이 떨어지지 않으면 걸을 수 없지요.
애착이나 미련, 근심이나 걱정 때문에 마음이
놓이지 않아 선뜻 떠날 수가 없다는 뜻이에요.

 할 일을 두고 놀러 가려니 **발이 떨어지지 않는다**.

 너만 혼자 두고 가려니 **발이 떨어지지 않아**.

발이 묶이다

돈이 떨어졌거나 교통수단이 끊겨 몸을
움직이지 못할 형편이 되었다는 뜻이에요.
또 어떤 일 때문에 외출하지 못하거나
활동할 수 없을 때에도 쓰는 표현이에요.

 태풍 때문에 비행기 운항이 취소돼 여행지에서 **발이 묶였다**.

 밀린 숙제에 **발이 묶여** 종일 놀러 나가지 못했어.

배꼽을 잡다

웃음을 참지 못하고 배를 움켜잡고
크게 웃는 것을 뜻해요. 그 모습이 배꼽을
잡고 있는 것처럼 보여서 '배꼽을 잡다',
'배꼽을 쥐다'처럼 표현해요.

비슷한 표현

배꼽을 쥐다 / 배꼽을 빼다

 코믹 영화를 보면서 **배꼽을 잡고** 웃었다.

 조카의 노래 부르는 모습에 식구들이 **배꼽을 잡았다**.

배를 불리다

재물이나 이득을 많이 차지하여 자기 욕심을
채운다는 뜻이에요. 흔히 옳지 않은 방법으로
자신의 욕심을 채우는 것을 가리켜요.

비슷한 표현

배를 채우다 / 뱃속을 채우다

 그는 자기 **배만 불리기에** 정신이 없었어요.

 온갖 수법으로 **배를 불린** 업체들이 적발되었다.

배짱을 부리다

'배짱'은 조금도 굽히지 않고 나아가는 성품이나 태도를 말해요. 이런 배짱을 드러내어 자기주장을 내세우며 나아가는 것을 '배짱을 부리다'라고 해요.

비슷한 표현

배짱을 내밀다

 배짱을 부리지 말고 그만 타협하는 게 어때?

 고집만 내세워 **배짱을 부리면** 손해 보는 일이 많아.

변덕이 죽 끓듯 하다

'변덕'은 이랬다저랬다 잘 변하는 태도나 성질을 가리켜요. 죽도 쉽게 끓어오르는 성질이 있지요. 즉, '변덕이 죽 끓듯 하다'는 말이나 행동을 몹시 이랬다저랬다 하며 자주 바꿀 때 쓰는 말이에요.

 그는 **변덕이 죽 끓듯 해서** 믿음이 잘 가지 않아.

 폭염에 천둥 번개까지 요즘 날씨가 **변덕이 죽 끓듯 해요**.

별 볼 일 없다

대단하지 않고 하찮다는 뜻이에요.
여기에서 '별(別)'은 다르다는 뜻으로,
'별 볼 일 없다'는 다르게 볼 일이 없으므로
대단하거나 중요하지 않다는 뜻이에요.

 별 볼 일 없는 일이지만 열심히 해낼 거야.

 별 볼 일 없는 동네이지만 난 이곳이 좋아.

병아리 눈물만큼

사람에 비하면 병아리는 매우 몸집이 작아서
흘리는 눈물도 더 작겠지요. '병아리 눈물만큼'은
매우 적은 양을 가리킬 때 자주 비유하는 표현이에요.

비슷한 표현

코끼리 비스킷

 가뭄 끝에 **병아리 눈물만큼** 비가 내렸어요.

 남은 과자를 친구들과 **병아리 눈물만큼** 나눠 먹었다.

보는 눈이 있다

사물이나 사람, 일 등을 제대로 보고 판단할 줄 아는 능력이 있다는 말이에요. '사람을 보는 눈이 있다'는 그 사람의 능력이나 인품 등을 잘 평가한다는 뜻이며, '물건을 보는 눈이 있다'는 물건의 품질을 잘 판단한다는 뜻이에요.

"엄마는 저한테 옷을 보는 눈이 있다고 하셨어요."

볼 장 다 보다

'볼 장'은 해야 할 일이나 하고자 하는 일을 뜻해요.
흔히 '볼 장 다 보다'의 형태로 쓰이고
일이 돌이킬 수 없을 정도로 완전히
틀어지고 잘못되었다는 뜻이에요.

 벌써부터 밤새워 놀기만 하니 그 녀석 **볼 장 다 봤다**.

 그는 **볼 장 다 봤다**는 듯이 직설적으로 자기 말만 했다.

불똥이 튀다

'불똥'은 불이 탈 때 장작이나 숯 등에서 밖으로 튀는
아주 작은 불덩이예요. '불똥이 튀다'는 어떤 사건이나
말썽의 꼬투리가 엉뚱한 사람에게 전해져
화를 입힌다는 뜻이에요.

비슷한 표현
불똥을 맞다

 이번 논란은 여러 사람에게 **불똥이 튀었다**.

 싸움을 말리려던 건데 **불똥이 튀어서** 나까지 혼났어.

불을 보듯 뻔하다

앞으로 일어날 일이 의심할 여지가 없이 아주 명백하다는 뜻이에요. 즉, 결과가 충분히 예상될 때 쓰는 표현이에요.

비슷한 표현

불을 보듯 훤하다

 그렇게 늑장 부리다 또 지각할 게 **불을 보듯 뻔해**.

 이번 경기에서 우리 팀의 우승은 **불을 보듯 뻔하다**.

빈축을 사다

'빈축'은 눈살을 찌푸리고 얼굴을 찡그리는 것을 뜻해요. 또 남을 비난하거나 미워한다는 뜻도 있어요. '빈축을 사다'는 좋지 않은 평가나 미움을 받는다는 뜻으로 쓰여요.

 그는 옳지 않은 행동으로 사람들로부터 **빈축을 샀다**.

 너무 자기 이익만 챙기면 친구들에게 **빈축을 사기** 쉬워.

빙산의 일각

'빙산'은 빙하에서 떨어져 나와 떠다니는 얼음덩어리예요. 빙산의 대부분은 물속에 잠겨 있고 일부만 눈에 보이지요. 이처럼 어떤 일이 대부분은 숨겨져 있고 겉으로 드러난 것은 극히 일부에 지나지 않음을 비유하는 말이에요. 주로 바람직하지 못한 일에 쓰여요.

 그 사건에서 드러난 사실은 **빙산의 일각**이야.

 현재 밝혀진 그들의 잘못은 **빙산의 일각**에 불과해.

빛을 발하다

'발하다'는 빛이나 소리, 감정 등이 일어나는 것을 뜻해요. '빛을 발하다'는 실제 빛이 반짝일 때도 쓰이지만, 숨겨져 있었거나 드러나지 않았던 능력이 겉으로 드러날 때 비유적으로 쓰는 표현이에요.

비슷한 표현

빛을 보다

 너의 실력이 이제야 **빛을 발하는구나**.

 이 영화는 조연들의 연기가 더욱 **빛을 발했다**.

뼈에 사무치다

'사무치다'는 깊이 스며드는 것을 뜻해요.
즉, '뼈에 사무치다'는 억울한 감정이나
고통이 뼛속에 파고들 정도로 깊고
강하다는 뜻이에요.

 가족에 대한 그리움이 **뼈에 사무쳐** 잠을 이룰 수 없어요.

 그때의 수치스러움은 **뼈에 사무쳐** 잊을 수 없다.

뿌리를 뽑다

식물의 뿌리를 뽑으면 죽게 되듯이,
어떤 일이 생겨나고 자랄 수 있는 원인을 완전히
없애 버린다는 의미예요. '부정부패의 뿌리를 뽑다',
'학교 폭력의 뿌리를 뽑다'처럼 흔히 사회적으로
잘못된 문제를 가리킬 때 쓰여요.

 학교에서의 성차별을 **뿌리 뽑아야** 해요.

 잘못된 관행은 지금이라도 **뿌리 뽑아야** 한다.

사활을 걸다

'사활(死活 죽을 사, 살 활)'은 죽기와 살기라는 뜻으로,
중대한 문제를 비유적으로 가리키는 말이에요.
죽기 살기의 각오로 중요한 일에 온 힘을
기울이는 것을 '사활을 걸다'라고 표현해요.

 난 이번 도전에 **사활을 걸고** 노력하고 있어.

 이건 우리의 **사활이 걸린** 문제이니 침착하게 판단해야 해.

산통을 깨다

'산통'은 옛날에 점쟁이가 점을 칠 때 사용했던
통으로, 통 안에 가느다란 막대를 넣었어요.
산통이 깨지면 점을 칠 수 없지요.
잘되어 가던 일을 누군가 이루지 못하게
망쳤을 때 '산통을 깨다'라고 표현해요.

 열심히 집중하고 있는데 **산통 깨지** 말고 나가 줘.

 그는 자꾸 **산통 깨는** 소리만 하고 있다.

살얼음 위를 걷다

'살얼음'은 얇게 살짝 얼어 있는 얼음이에요. 살얼음 위를 걸으면 물에 금방 빠지고 말 거예요. 이처럼 매우 위태롭고 불안한 상황이나 그런 일을 하는 것을 비유해서 '살얼음 위를 걷다'라고 표현해요. 그 밖에 '살얼음을 밟다', '살얼음을 밟듯이'도 같은 뜻으로 쓰여요.

"시험지를 감추니 살얼음 위를 걷는 것처럼 불안해요."

색안경을 쓰다

'색안경'은 색깔이 있는 렌즈를 끼운 안경이에요. 색깔이 들어간 안경을 쓰면 주변이 원래의 색이 아닌 렌즈의 색깔로 보여요. 그래서 '색안경을 쓰다'는 주관이나 선입견에 얽매여 좋지 않은 감정으로 본다는 뜻으로 부정적인 태도를 비유적으로 나타낼 때 쓰여요.

 색안경을 쓰고 바라보는 사람들의 시선 때문에 힘들었어요.

 친구를 사귈 때 색안경을 쓰고 판단하면 안 돼!

서슬이 퍼렇다

'서슬'은 쇠로 만든 연장이나 유리 조각의 날카로운 부분을 뜻해요. 비유적으로 쓰일 때는 강하고 날카로운 기세를 뜻하지요. 그래서 기세가 위협적이고 강할 때 '서슬이 퍼렇다'라고 표현해요.

비슷한 표현

서슬이 시퍼렇다 / 서슬이 푸르다

 매섭게 몰아치는 겨울바람이 무척 서슬이 퍼렇다.

 그는 사람들에게 서슬 퍼런 경고를 했다.

선을 긋다

'선'은 흔히 직선이나 곡선 등을 뜻하지만,
일정한 기준이나 범위를 뜻하기도 해요.
즉, '선을 긋다'는 한계나 허용 범위를
정하는 것을 가리켜요.

 그 친구와 **선을 긋고** 만나는 중이야.

 서로 해야 할 일은 분명하게 **선을 그어야 해**!

성에 차다

'성'은 사람이나 사물의 본성을 뜻해요.
그래서 흡족하게 마음에 들 때
'성에 차다'라고 표현해요.

반대되는 표현

성에 안 차다

 맛집을 알게 되면 꼭 가 봐야 **성에 찬다**.

 이 정도 간식으로는 아직 **성에 차지** 않아.

세상을 떠나다

사람들은 죽음을 이야기할 때 직접적으로 말하지 않고 간접적으로 표현하는 경우가 많아요. 사람이 죽으면 다른 세계로 간다는 뜻을 담아 '세상을 떠나다'라고 말해요. 또 '돌아가시다', '숨을 거두다' 등 여러 표현이 있어요.

비슷한 표현
세상을 하직하다 / 세상을 뜨다

 작년에 **세상을 떠나신** 할머니가 생각난다.

 그는 안타깝게도 젊은 나이에 **세상을 떠났어요**.

속이 깊다

가슴에 품고 있는 생각이나 마음이 신중하고 이해심이 많다는 뜻이에요.

비슷한 표현
속이 넓다

 명수는 어리지만 **속이 깊은** 아이 같아.

 속이 깊은 형이 동생을 먼저 챙겼다.

속이 타다

'속'은 품고 있는 마음이나 생각을 가리켜요.
속을 태우다시피 몹시 걱정이 되어 마음이
초조할 때 '속이 타다'라고 표현해요.

> **비슷한 표현**
>
> 속을 태우다

 기다리던 친구가 오지 않자 **속이 탔어요.**

 응원하던 팀이 질 것 같아서 내심 **속이 탔다.**

손꼽아 기다리다

'손꼽다'는 손가락을 하나씩 구부려 수를
헤아리는 것을 뜻해요. '손꼽아 기다리다'는
기대에 찬 마음이나 매우 간절한 마음으로
날짜를 손꼽으며 기다리는 것을 말해요.

 방학하는 날만 **손꼽아 기다리고** 있어.

 부모님께 선물을 받을 생각에 생일날을 **손꼽아 기다렸다.**

손발이 맞다

함께 일을 할 때 서로의 마음이나 의견이 맞는 것을 뜻해요. 여기에서 '맞다'는 서로 어긋나지 않고 잘 어울린다는 뜻이에요.

비슷한 표현

호흡이 맞다

 수빈이는 나와 무슨 일이든 **손발이 맞는** 단짝 친구야.

 둘은 **손발이 척척 맞아** 일을 금방 해치웠다.

손에 땀을 쥐다

긴장을 하면 나도 모르게 손에 땀이 나거나 주먹을 쥐게 돼요. 이처럼 아슬아슬하여 마음이 조마조마할 때 쓰는 말이에요.

 아빠와 함께 **손에 땀을 쥐고** 축구 경기를 지켜봤어요.

 액션 영화는 **손에 땀을 쥘** 정도로 흥미진진했다.

손에 익다

'익다'는 고기나 채소를 익힌다는 뜻 외에도 어떤 일을 자주 경험하여 서투르지 않다는 뜻도 있어요. 그래서 '손에 익다'는 어떤 일을 여러 번 다루어서 일이 손에 익숙해졌다는 뜻이에요. '눈에 익다'도 여러 차례 눈으로 보아서 익숙해졌다는 말이에요.

"손에 익으려면 꾸준히 연습하는 방법밖에 없어요."

손을 떼다

하던 일을 그만둔다는 뜻이에요.
사람의 '손'은 어떤 일을 처리하는 데
필요한 힘이나 노력, 다른 사람과 협력을
가리키는 데 주로 쓰여요.

비슷한 표현
손을 끊다 / 손을 놓다

 이 일에서 **손을 뗐으니** 이젠 참견하지 않았으면 좋겠어!

 일을 마무리하지 못하고 **손을 떼게** 돼서 미안해.

손이 맵다

손으로 살짝 때려도 몹시 아프다는 뜻이에요.
또 일하는 것이 빈틈없고 매우 야무질 때도
'손이 맵다', '손끝이 맵다'라고 표현해요.

비슷한 표현
손끝이 맵다

 친구들은 내 **손이 맵다**고 장난을 쳐도 무서워 해.

 그는 **손이 매워서** 연기하는 상대 배우가 긴장한다.

손이 크다

물건이나 마음 씀씀이가 크고 후하다는 뜻이에요. 또 어떤 일을 처리하는 수단이 좋을 때도 쓰는 표현이에요.

반대되는 표현

손이 작다

 엄마는 **손이 커서** 음식을 항상 푸짐하게 차리신다.

 그는 **손이 커서** 남들에게 베푸는 것도 아낌이 없다.

숨을 죽이다

숨소리도 들리지 않을 만큼 조용히 하는 것을 가리켜요. 하고 싶은 말이나 행동을 참아야 할 때 쓰는 표현이에요.

 철새의 모습을 카메라에 담기 위해 모두 **숨을 죽이고** 있었다.

 숨을 죽이고 밖에서 나는 소리에 귀를 기울여 봐!

숨이 막히다

몹시 답답하다는 뜻이에요.
숨을 쉬기 힘들 정도로 어떤 상황이
심한 긴장감이나 압박감을 줄 때
'숨이 막히다'라고 표현해요.

 희원이는 반복되는 일상에 **숨이 막혔다.**

 영화를 보는 내내 긴장돼서 **숨이 막혔어.**

실낱같은 희망

'실낱'은 한 가닥의 가는 실을 뜻해요. 그래서
'실낱같은 희망'은 가는 실처럼 끊어질 듯한
아주 작은 희망을 비유하는 말이에요.

비슷한 표현
실오라기 같은 희망

 아무리 힘들어도 **실낱같은 희망**을 버리지 못하겠어.

 실낱같은 희망을 품고 지금까지 버텨왔다.

쓴맛을 보다

'쓴맛'은 혀로 느낄 수 있는 맛 중에 하나이며, 달갑지 않고 싫거나 언짢은 느낌을 비유한 말이기도 해요. '쓴맛을 보다'는 어떤 일에 실패해서 괴로움을 느낀다는 뜻이에요.

 이번 도전에 실패하여 인생의 **쓴맛을 보았다.**

 그는 상대편에게 꼭 **쓴맛을 보여** 주겠다며 다짐했다.

안면을 바꾸다

'안면'은 얼굴을 뜻하며, 서로 얼굴을 알고 지낼 만한 친분을 의미하기도 해요. '안면을 바꾸다'는 알고 지내던 사이인데 갑자기 모르는 체하거나 뻔뻔하게 행동하는 것을 뜻해요.

비슷한 표현

안면을 몰수하다

 그는 언제 그랬냐는 듯 **안면을 바꾸고** 다른 말을 했다.

 내가 어려운 상황에 처하자 친구가 갑자기 **안면을 바꿨다.**

안중에도 없다

'안중'은 눈의 안이라는 뜻으로,
생각이나 관심의 범위를 뜻하기도 해요.
즉, '안중에도 없다'는 전혀 관심이 없고
신경 쓰지 않는다는 표현이에요.

 그는 다른 사람들은 **안중에도 없는 듯** 자기 것만 챙겼다.

 언니는 친구들과 노느라 나는 **안중에도 없다.**

애가 타다

'애'는 초조한 마음을 가리켜요.
'애가 타다'는 어떤 고민에 마음이 타듯이
걱정될 때 쓰는 표현이에요.

비슷한 표현
애를 태우다 / 애가 닳다

 엄마는 자식 걱정에 매일 **애가 탄다**고 해요.

 키우고 있는 꽃이 시들까 봐 **애가 탔다.**

어긋장을 놓다

'어긋장'은 나무로 문을 만들 때 이어 붙인 나무 판이 비뚤어지지 않게 대각선으로 덧대는 나무를 말해요. 어긋장을 비스듬하게 붙이듯이 어떤 일을 비뚤어진 눈으로 바라보거나 말이나 행동으로 훼방을 놓는다는 의미로 쓰여요. '어긋장을 부리다'라고도 표현해요.

"우리 일에 자꾸 어긋장을 놓으며 방해했어요."

어깨가 무겁다

어떠한 일에 무거운 책임감을 가져서
마음에 부담이 크다는 뜻이에요.
이렇듯 '어깨'는 부담이나 경쟁을 뜻하는
표현에 자주 쓰여요.

반대되는 표현
어깨가 가볍다

 아빠는 가장이라 책임감에 **어깨가 무거워** 보였어요.

 부모님의 기대 때문에 무슨 일을 하든지 **어깨가 무거워.**

어깨너머로 배우다

'어깨너머'는 남이 하는 것을 옆에서 보거나
듣는 것을 가리켜요. 따라서 '어깨너머로 배우다'는
남이 하는 것을 옆에서 보며 배우는 것을 말해요.

 희수는 엄마가 요리를 할 때 **어깨너머로 배워** 요리 솜씨가 좋아.

 그는 맛집을 다니면서 비법들을 **어깨너머로 배웠다**고 한다.

어깨를 겨루다

서로 비슷한 위치에서 경쟁한다는 뜻이에요.
지위나 실력이 비슷한 둘 이상의 대상이
서로 겨루는 것을 말해요.

비슷한 표현
어깨를 견주다 / 어깨를 나란히 하다

 우리나라는 선진국과 **어깨를 겨룰** 정도의 수준에 올라와 있다.

 태권도 대회에서 전국의 대표 학생들과 **어깨를 겨뤘다**.

어안이 벙벙하다

'어안'은 어이없어 말을 못 하고 있는 혀 안을 뜻해요.
뜻밖에 놀랍거나 기막힌 일을 당해 어리둥절할 때
'어안이 벙벙하다', '어안이 막히다'라고 표현해요.

비슷한 표현
어안이 막히다

 그는 **어안이 벙벙해서** 할 말을 잃었다.

 갑자기 벌어진 일에 **어안이 벙벙할** 뿐이었다.

어처구니가 없다

'어처구니'는 엄청나게 큰 사람이나 사물을 뜻해요.
생각했던 것보다 너무 뜻밖의 일이 닥치거나
황당하고 기가 막히는 상황을 가리킬 때
'어처구니가 없다'라고 말해요.

비슷한 표현
어이없다

 어처구니가 없는 실수로 일을 망쳤어.

 아직도 무엇을 잘못했는지 모르다니 **어처구니가 없구나.**

억지 춘향으로

조선 시대의 소설 〈춘향전〉에서 변 사또가
춘향에게 억지로 시중을 들게 한 것에서
유래한 말이에요. 그래서 '억지 춘향으로'는
하고 싶지 않은 일을 어쩔 수 없이 하는 것을
비유하는 표현이에요.

 억지 춘향으로 팀 대표를 맡았는데 너무 부담스러워.

 부모님의 성화에 **억지 춘향으로** 학원에 다니고 있어요.

얼굴이 두껍다

얼굴의 가죽이 두꺼우면 부끄러워하는 표정도
잘 드러나지 않을 거예요. 즉, 부끄러움을
모르고 뻔뻔하다는 뜻으로 쓰여요.

비슷한 표현
낯이 두껍다 / 얼굴 가죽이 두껍다

 그는 **얼굴이 두꺼워서** 부끄러운 걸 알지 못해.

 장소를 가리지 않고 막말을 하는 걸 보니 **얼굴이 두꺼운** 사람이군!

엄포를 놓다

'엄포'는 실속 없이 큰소리로 남을 위협하는
것을 말해요. 즉, '엄포를 놓다'는 다른 사람에게
말과 행동으로 어떤 것을 하도록 위협한다는 뜻이에요.

비슷한 표현
으름장을 놓다

 선생님은 부모님께 성적표를 공개하겠다고 **엄포를 놓았다.**

 형은 고자질하면 혼날 줄 알라고 **엄포를 놓았다.**

외길을 걷다

'외길'은 한 군데로만 난 길을 뜻해요.
한 가지 방법이나 방향에만 전념하는 태도를
가리키는 말이기도 해요. 그래서 '외길을 걷다'는
한 가지 일에만 전념하는 것을 의미해요.

> **비슷한 표현**

한 우물을 파다

 한 분야에 **외길을 걷다** 보면 그 분야의 베테랑이 될 수 있어!

 그는 평생을 한옥 건축의 **외길을 걸어** 왔다.

유례가 없다

'유례(類例 무리 유, 법식 례)'는 같거나
비슷한 사례를 뜻해요. 즉, '유례가 없다'는
같거나 비슷한 일이 없다는 뜻으로,
흔히 놀랄 만한 일을 강조할 때 쓰여요.

 이번 사건은 역사상 **유례가 없는** 참사로 기록될 것이다.

 유례가 없이 일찍 찾아온 무더위가 연일 계속되고 있다.

유종의 미를 거두다

유종(有終 있을 유, 마칠 종)은 시작한 일에 끝이 있다는 뜻을 가지고 있어요. 한자로 미(美)는 아름답다는 뜻이지요. 즉, '유종의 미를 거두다'는 어떤 일을 시작했을 때 마무리가 만족스럽고 아름답게 끝났다는 말이에요.

"시작한 일은 유종의 미를 거둘 수 있도록 잘 마무리해야 해요."

이를 악물다

'악물다'는 단단히 결심하거나 무엇을 참고 견딜 때에 힘주어 이를 꼭 마주 무는 것을 의미해요. 비슷한 뜻을 가진 '이를 악물다'는 힘겨운 일이나 난관을 헤쳐 나가기 위해 큰 결심을 한다는 뜻이에요.

 결승선을 향해 **이를 악물고** 뛰었어요.

 그는 **이를 악물고** 그간의 어려움을 견뎌 왔다고 해.

일단락을 짓다

'일단락(一段落 한 일, 구분 단, 이룰 락)'은 일의 한 단계를 끝냈다는 뜻이에요. 그래서 '일단락을 짓다'는 일을 완전히 끝낸 것은 아니지만 전 과정 중에서 한 단계를 마무리했다는 의미예요.

 중요한 것은 **일단락을 지었으니** 좀 쉬었다가 하자!

 하고 있는 일을 **일단락 짓긴** 했지만 아직 해야 할 일이 많아.

일침을 가하다

'일침(一針 한 일, 바늘 침)'은 한 대의 침을 뜻하며,
따끔한 충고를 비유적으로 이르는 말이에요.
따라서 무엇에 따끔한 충고나 경고를 할 때
'일침을 가하다'라고 표현해요.

비슷한 표현

일침을 놓다

 그동안 참기만 했던 그는 악플러에게 **일침을 가했다**.

 친한 친구의 나쁜 행동에 **일침을 가했다**.

입을 모으다

둘 이상의 여러 사람이 모두
한결같이 같은 의견으로
말하는 것을 의미해요.

 회의 시간에 반 친구들이 모두 **입을 모아** 찬성했다.

 사람들은 **입을 모아** 그를 칭찬했다.

입이 떨어지지 않다

말이 쉽게 나오지 않는 것을 뜻해요.
잘못을 해서 말하지 못할 때, 어색한 분위기에
말하기가 어려울 때 쓰는 표현이에요.

 영어 회화를 배웠는데도 외국인 앞에서 **입이 떨어지지 않아요**.

 용기 내어 고백을 하려는데 **입이 잘 떨어지지 않았어**.

입이 무겁다

음식을 먹는 '입'은 사람이 하는 말을 비유적으로
가리키기도 해요. '입이 무겁다'는 말수가 적거나
신중해서 말을 함부로 옮기지 않는다는 뜻이에요.

반대되는 표현
입이 가볍다

 희진이는 **입이 무거워서** 내 고민을 자주 말하게 돼.

 수빈이는 남들 이야기를 잘 하지 않는 **입이 무거운** 친구야.

자취를 감추다

'자취'는 어떤 것이 남긴 표시나 자리를 가리켜요.
아무도 모르게 몰래 어디로 가거나 숨어서 보이지
않을 때, 어떤 물건이나 현상이 없어지거나
바뀌었을 때 '자취를 감추다'라고 표현해요.

 경찰은 **자취를 감춘** 용의자를 찾아 나섰다.

 무더웠던 여름이 **자취를 감추고** 가을이 찾아왔어요.

잘잘못을 따지다

'잘잘못'은 잘함과 잘못함을 뜻해요.
'잘잘못을 따지다'는 누가 잘했는지 누가
잘못했는지 옳고 그름을 가린다는 말이에요.

비슷한 표현

시시비비를 가리다

 둘은 서로 **잘잘못을 따지며** 언성을 높였어요.

 잘잘못을 따지지 말고 앞으로 해야 할 일을 의논하도록 하자!

재간이 없다

'재간(才幹 재주 재, 줄기 간)'은 어떤 일을
할 수 있는 재주와 솜씨, 수단이나 방법을 뜻해요.
즉, '재간이 없다'는 말은 어떤 일을 해결할
방법이 없다는 뜻이에요.

 상대가 자기주장만 하는데 당해 낼 **재간이 없었어**.

 노력해 봤는데 여기에서 벗어날 **재간이 없어**.

전철을 밟다

'전철(前轍 앞 전, 바퀴 자국 철)'은 앞서 지나간 수레바퀴의
자국이라는 뜻으로, 이전 사람의 그릇된 일이나
실패한 일을 비유적으로 이르는 말이에요.
'전철을 밟다'는 전 시대의 잘못이나 실패를
되풀이한다는 뜻이에요.

 역사에서 배우지 못하고 다시 그 **전철을 밟고** 있는 것 같아요.

 실패의 **전철을 밟지** 않기 위해 다른 방법을 찾고 있어.

정곡을 찌르다

'정곡'은 과녁의 한가운데를 가리키는 말이에요. 사격이나 양궁에서 과녁의 한가운데를 정확하게 맞춰야 높은 점수를 얻을 수 있지요. 정곡은 그만큼 중요한 곳으로 가장 중요한 요점이나 핵심을 뜻하기도 해요. 그래서 '정곡을 찌르다'는 핵심을 정확하게 짚는 것을 말해요.

"내 마음을 어떻게 아는지 정곡을 찌르는 말을 했어요."

정신이 팔리다

'팔리다'는 물건을 파는 것 이외에도
주의가 다른 데로 가 있다는 뜻도 있어요.
그래서 '정신이 팔리다'는 해야 할 일을 잊을 정도로
어떤 것에 정신이 쏠려 있을 때 쓰는 표현이에요.

 노는 것에 **정신이 팔려** 엄마가 부르는 소리도 듣지 못했다.

 게임에 **정신이 팔려** 숙제하는 것도 잊고 있었어.

제동을 걸다

'제동(制動 절제할 제, 움직일 동)'은
기계나 자동차의 운동을 멈추게 하는
것을 말해요. '제동을 걸다'는 진행되고
있는 일이나 활동을 방해하거나
멈추게 하는 것을 의미해요.

 영진이는 반 회의 시간에 자꾸 **제동을 걸고** 나섰다.

 환경 보호 단체들이 이번 개발에 **제동을 걸었다**.

조예가 깊다

'조예(造詣 지을 조, 도달할 예)'는 학문이나 예술, 기술 분야의 높은 지식이나 경험을 뜻해요. 즉, '조예가 깊다'는 학문이나 예술 등에 많은 지식을 가지고 있다는 뜻이에요.

 우리 담임 선생님은 그림에 **조예가 깊다.**

 그는 문학은 물론 요리 연구에도 **조예가 깊다.**

종종걸음을 치다

'종종걸음'은 발을 잇달아 자주 떼며 작은 보폭으로 바삐 걷는 걸음을 가리켜요. 마음이 급해 빠른 걸음으로 걷는 모습을 일컬어 '종종걸음을 치다', '종종걸음을 놓다'라고 표현해요.

비슷한 표현

종종걸음을 놓다

 갑자기 추워진 날씨에 사람들은 **종종걸음을 쳤다.**

 재현이는 무엇이 바쁜지 **종종걸음을 치며** 가 버렸어.

종지부를 찍다

'종지부'는 글을 쓸 때 문장 끝에 쓰는 온점, 물음표, 느낌표처럼 문장이 끝났음을 뜻하는 문장 부호를 가리켜요. 그래서 '종지부를 찍다'는 어떤 일을 끝냈거나 상황이 끝났을 때 쓰는 표현이에요.

 내일까지 하면 이 일도 **종지부를 찍게** 된다.

 계속되는 논란에 **종지부를 찍겠다고** 그가 나섰다.

주목을 받다

'주목'은 관심을 가지고 주의 깊게 살핀다는 뜻이에요. 따라서 '주목을 받다'는 다른 사람들의 깊은 관심을 받는다는 말이에요.

비슷한 표현

주목을 끌다

 발표회 때 피아노 연주를 해서 사람들에게 **주목을 받았어요.**

 민서는 얼굴이 예뻐서 어디서나 **주목을 받는다.**

줄행랑을 치다

'줄행랑'은 옛날 한옥에서 대문 양쪽으로 붙어 있는 방이며, '도망'을 속되게 이르는 말이기도 해요. '줄행랑을 치다'는 눈치를 채고 피하여 달아나는 것을 말해요.

비슷한 표현
줄행랑을 놓다

 장난꾸러기들은 선생님을 보자마자 **줄행랑을 쳤다**.

 형은 멀리서 짖는 개를 보고서 **줄행랑을 쳤어**.

줏대가 있다

'줏대'는 자신의 생각을 지키고 내세우는 의지를 뜻해요. 그래서 '줏대가 있다'는 자신의 뜻이나 의지가 분명하다는 말이에요.

반대되는 표현
줏대가 없다

 그는 맡은 일마다 **줏대 있게** 해냈다.

 이랬다저랬다 하지 말고 **줏대 있게** 행동해야 해!

진풍경이 벌어지다

'진풍경'은 구경거리가 될 만한 보기 드문
광경을 뜻해요. 그래서 '진풍경이 벌어지다'는
보기 드문 구경거리가 생겼을 때 쓰는 표현이에요.

> **비슷한 표현**
>
> 진풍경을 연출하다

 연예인이 보이자 시끌벅적 장터 같은 **진풍경이 벌어졌다**.

 할인 판매에 새벽부터 줄을 서는 **진풍경이 벌어지고 있다**.

차일피일 미루다

'차일피일(此日彼日 이 차, 날 일, 저 피, 날 일)'은
이날 저 날 하고 자꾸 기한을 미루는 모습을 가리켜요.
'차일피일 미루다'도 같은 뜻으로, 날짜를 자꾸 바꾸며
약속을 지키지 않는다는 뜻이에요.

 빌려 간 돈을 갚겠다고 하더니 **차일피일 미루기만** 한다.

 해야 할 일을 **차일피일 미루면** 결국 해내지 못할 거야.

찬물을 끼얹다

잘 되어 가는 어떤 일에 공연히 트집을 잡아 방해하거나 시끄럽던 장소가 갑자기 조용해질 때 쓰는 표현이에요. '고춧가루를 뿌리다', '재를 뿌리다'도 일이나 분위기를 망치거나 훼방을 놓는다는 뜻으로 비슷한 상황에서 쓰여요.

"친구가 둘 사이에 끼어들어 찬물을 끼얹었어요."

촉각을 곤두세우다

'촉각(觸角 닿을 촉, 뿔 각)'은 곤충의 더듬이를 뜻해요.
피부에 닿아서 느껴지는 '촉각(觸覺 닿을 촉, 깨달을 각)'과는
한자가 달라요. 곤충은 더듬이로 적이 다가오는 것을 알아채요.
그래서 '촉각을 곤두세우다'는 정신을 집중하고
즉각 대응할 태세를 취한다는 뜻이에요.

 대회를 앞두고 선수들은 **촉각을 곤두세우고** 있다.

 두 기업은 협상 결과에 **촉각을 곤두세우는** 모습이다.

촌각을 다투다

'촌각(寸刻 마디 촌, 새길 각)'의 '각'은 옛날에 물시계로
시간을 잴 때 물시계의 눈금 한 칸을 가리키며 15분 정도를
의미해요. '촌각'은 1각의 10분의 1에 해당하며 1분 30초
정도의 짧은 시간을 뜻해요. 즉, '촌각을 다투다'는
매우 다급한 상황이어서 서두른다는 뜻이에요.

 이것은 **촌각을 다투는** 일이어서 서둘러야 해!

 촌각을 다투는 구급차가 요란한 사이렌을 울리며 달려왔다.

총대를 메다

옛날에 전쟁에 나가려면 먼저 총대를 어깨에 메야 했지요. 여기에 비유해서 아무도 나서서 맡기를 꺼리는 어떤 일에 대표로 앞장서는 모습을 두고 '총대를 메다'라고 표현해요.

 기철이는 잘못이 없는데 **총대를 메고** 상대편에 사과했어요.

 학교 폭력을 고발하는 데 그가 **총대를 메겠다며** 나섰다.

침이 마르다

말을 많이 하면 입안의 침이 말라요. 입안의 침이 마를 정도로 칭찬이나 자랑을 거듭해서 말한다는 뜻이에요.

비슷한 표현

입이 마르다 / 입이 닳다

 아빠는 남들 앞에서 **침이 마르도록** 나와 언니 자랑을 하셨다.

 선생님은 우리에게 잘했다고 **침이 마르게** 칭찬하셨다.

칭찬이 자자하다

'자자하다'는 여러 사람의 입에 오르내려
떠들썩하다는 뜻이에요. 즉, '칭찬이 자자하다'는
칭찬이 이곳저곳 널리 퍼졌다는 말이에요.
그 밖에도 '소문이 자자하다', '비난이
자자하다' 등의 표현도 자주 쓰여요.

 인혜는 착해서 친구들 사이에서 **칭찬이 자자하다**.

 그는 꾸준히 봉사를 하고 있어서 사람들의 **칭찬이 자자하다**.

코가 납작해지다

'코'는 얼굴에 중심에 있어서 자존심을 나타내요.
그래서 '코가 납작해지다'는 기가 죽거나
자존심이 꺾이는 것을 뜻해요. 상대방에게
몹시 무안을 당했을 때도 쓰는 말이에요.

 친구를 괴롭히던 녀석들은 선생님께 혼나 **코가 납작해졌어**.

 잘난 척하더니 더 센 상대를 만나서 **코가 납작해졌군**!

코웃음을 치다

'코웃음'은 콧소리를 내거나 코끝으로
가볍게 웃는 비난 섞인 웃음을 가리켜요.
남을 깔보고 무시하며 비웃는 것을 일컬어
'코웃음을 치다'라고 해요.

 그들은 서로 **코웃음을 치며** 분위기만 살폈다.

 한번 겨뤄 보자는 내 말에 예준이가 **코웃음을 쳤다.**

콧대가 높다

'콧대'는 미간에서 코끝까지 콧등의 줄기를 뜻하는데,
거만한 태도를 비유적으로 이르는 말이기도 해요.
'콧대가 높다'는 잘난 체하며 뽐내는 태도를 가리켜요.

비슷한 표현
코가 높다

 혜진이는 남자아이들 사이에서 **콧대가 높기로** 유명해.

 그는 **콧대가 높고** 자존심이 센 사람이야.

콧방귀를 뀌다

'콧방귀'는 코로 나오는 숨을 막았다가
갑자기 터뜨리면서 '흥' 하며 내는 소리예요.
남의 말을 대수롭지 않게 여기며 비웃는 것을
'콧방귀를 뀌다'라고 해요.

 경서는 내 말에 **콧방귀를 뀌면서** 웃었어요.

 아무리 엄포를 놓아도 **콧방귀만 뀔 뿐** 꿈쩍도 하지 않았다.

퇴짜를 놓다

'퇴짜'는 바치는 물건을 물리치는 것을 뜻해요.
옛날에 나라에 바치는 물건의 품질이 좋지 않으면
물리친다는 뜻의 '퇴(退)' 자를 찍어 돌려보낸 것에서
유래했어요. 그래서 '퇴짜를 놓다'는 물건이나 의견을
받아들이지 않고 거부한다는 뜻이에요.

 이모는 소개 받은 남자마다 **퇴짜를 놓았다.**

 그들은 내 의견을 제대로 듣지도 않고 **퇴짜를 놓았다.**

틀에 박히다

'틀'은 똑같은 모양의 물건을 일정하게 만들기 위해 사용하는 도구예요. 그 외에도 일정한 격식이나 형식을 뜻하기도 해요. '틀에 박히다'는 낡고 융통성 없는 생각에 사로잡혀 말하거나 행동할 때 쓰는 말이에요. '틀에 박힌 생활', '틀에 박힌 생각'처럼 표현해요.

"세상의 **틀에 박힌** 규칙을 깨고 싶어요."

파김치가 되다

'파김치'는 파로 담근 김치예요. 파에 양념을 넣어 김치를 담그면 빳빳했던 줄기가 풀이 죽지요. 여기에 비유해서 몸이 몹시 지쳐서 나른하게 되는 것을 '파김치가 되다'라고 표현해요.

 친구 따라 하루 종일 운동했더니 완전히 **파김치가 되었어**.

 선물을 사려고 이리저리 돌아다녔더니 **파김치가 되었다**.

파문을 일으키다

'파문(波紋 물결 파, 무늬 문)'은 물 위에 이는 물결을 가리켜요. 여기에 비유해서 어떤 일이 다른 데에 미치는 영향을 뜻하기도 해요. 따라서 '파문을 일으키다'는 조용한 곳에 문제를 일으킨다는 뜻이에요.

비슷한 표현

파문이 일다 / 파장을 일으키다

 이번 전쟁은 전 세계에 큰 **파문을 일으키고** 있어요.

 그의 발언은 엄청난 **파문을 일으켰다**.

팔을 걷어붙이다

'걷어붙이다'는 소매나 바짓가랑이 등을 말아 올린다는 뜻이에요. 어떤 일을 세차게 밀고 나가는 모습을 표현할 때 '~을 걷어붙이다'라고 써요. '팔을 걷어붙이다'도 어떤 일에 뛰어들어 적극적으로 나서는 것을 가리켜요.

> **비슷한 표현**
> 소매를 걷어붙이다 / 팔소매를 걷다 / 팔소매를 걷어붙이다

 엄마는 어려운 이웃을 위한 일이라면 **팔을 걷어붙이고** 나서신다.

 태풍 피해 복구에 동네 사람들도 **팔을 걷어붙였다**.

풀이 죽다

'풀'은 쌀가루나 밀가루로 죽을 만든 것으로, 천에 바르면 옷감이 빳빳해져요. 풀이 죽으면 옷이 처지게 되지요. 여기에 비유해서 기운이 없는 사람을 '풀이 죽다'라고 말해요.

> **비슷한 표현**
> 한풀 꺾이다

 경기에 진 선수들은 모두 **풀이 죽어** 있었다.

 종일 **풀이 죽어** 있는 걸 보니 무슨 일이 있는 게 분명해.

피눈물이 나다

'피눈물'은 몹시 슬프고 분해서 나는 눈물이에요.
흘린 눈물에 피가 섞여 있을 정도로 고통스럽다는
뜻이지요. 매우 슬프고 분한 마음을 표현할 때
'피눈물이 나다'라고 써요.

비슷한 표현
피눈물을 흘리다

 자식이 아프면 부모는 **피눈물이 난다**고 해요.

 남의 눈에 **피눈물 나게** 하면 자신도 피눈물을 흘리는 법이에요.

피땀을 흘리다

'피땀'은 피와 땀을 가리키며, 무엇을 이루기 위해
애쓰는 노력과 정성을 비유하는 말이기도 해요.
즉, '피땀을 흘리다'는 온 힘과 정성을 쏟아
최선을 다한다는 뜻이에요.

 피땀을 흘려 갈고닦은 실력이 드디어 빛을 보게 됐어.

 부모님이 **피땀을 흘려** 일해 우리를 가르치셨다.

피치 못하다

'피하지 못하다'가 줄어서 된 말이에요.
그래서 원하지 않은 일을 맞닥뜨려야 할 때
피할 수 없다는 뜻으로 쓰여요.

 사고 때문에 **피치 못해** 지각을 했어요.

 피치 못할 사정이 있어서 약속을 지킬 수 없게 됐어.

하늘이 노랗다

지나친 과로나 상심으로 기력이 떨어졌거나
정신을 잃을 만큼 큰 충격을 받았다는 뜻이에요.
의학적으로도 큰 충격으로 혈관이 막히거나 좁아지면
일시적으로 눈앞이 노랗게 보인다고 해요.

비슷한 표현

하늘이 노래지다

 다이어트로 며칠 굶었더니 **하늘이 노랗고** 현기증이 나요.

 우리 동네의 사고 소식을 듣고 **하늘이 노래졌다.**

한술 더 뜨다

'한술'은 숟가락으로 한 번 뜬 음식으로,
적은 양을 의미해요. '한술 더 뜨다'는
이미 어느 정도 잘못되어 있는 일에 대해
한 단계 더 나아가 엉뚱한 짓을 한다는 뜻이에요.

 동생은 학원도 빠지고 **한술 더 떠** 거짓말까지 해서 혼났다.

 나한테 미안해하기는커녕 **한술 더 떠** 화를 냈다.

한숨을 돌리다

'한숨'은 한 번 내쉬는 숨이나 짧은 휴식을 가리켜요.
즉, '한숨을 돌리다'는 어떤 일을 하다가 잠깐
쉬는 것을 뜻해요. 또 힘겨운 고비를 넘기고
여유를 갖는다는 뜻도 있어요.

 여기 앉아서 **한숨 돌리고** 가는 게 어때?

 이 문제만 해결하면 **한숨 돌릴 수** 있을 것 같아.

한 치 앞을 못 보다

'한 치'는 한 자(약 30.3cm)의 10분의 1로 약 3.03cm의 짧은 길이예요. '한 치 앞을 못 보다'는 시력이 나빠서 가까이 있는 것도 보지 못한다는 뜻이지만, 그보다는 앞날을 올바르게 분별할 수 있는 능력이 없음을 이르는 말로 흔히 쓰여요.

"한 치 앞을 못 보는 게 인생이라더니 선생님께 금방 들켰어요."

한턱 쓰다

'한턱'은 주로 좋은 일로 음식 등을 한 차례 크게 대접한다는 뜻이에요. '한턱 쓰다'도 같은 뜻으로 쓰여요. '한턱 쏘다'는 영어적인 표현으로 '한턱 쓰다'가 바른 말이에요.

비슷한 표현
한턱내다

 시험에 합격해서 친구들에게 **한턱 쓰기로** 했다.

 아빠는 승진 기념으로 가족들에게 **한턱 썼다**.

한풀 꺾이다

옛날에는 모시나 삼베로 지은 옷에 풀을 먹여 다려서 입었어요. 여기에서 유래한 말로, 풀이 한 단계 꺾인 것을 의미해요. 덥거나 추운 날씨, 또는 활발한 기운이나 기세가 어느 정도 약해진 것을 비유할 때 쓰여요.

비슷한 표현
한풀 죽다 / 풀이 죽다

 선선한 바람이 부는 걸 보니 더위가 **한풀 꺾인 것** 같아.

 승승장구하던 축구팀이 **한풀 꺾여** 성적이 좋지 않다.

한 획을 긋다

'획(劃 그을 획)'은 글씨나 그림을 그릴 때 붓으로 긋는 줄을 가리켜요. 어떤 일에서 중요한 업적을 남겼을 때 '한 획을 긋다'라고 표현해요.

비슷한 표현

획을 긋다 / 큰 획을 긋다

 그는 역사에 **한 획을 그은** 인물이다.

 이것은 내 인생의 **한 획을 긋게** 해 준 작품이다.

허리가 휘청거리다

'휘청거리다'는 몸에 힘이 없어 흔들린다는 뜻과 어려운 일에 부딪혀 나아가지 못한다는 뜻이 있어요. '허리가 휘청거리다'는 경제적으로 어려워 매우 힘들다는 의미로 쓰여요.

 이번 달 용돈을 많이 써서 **허리가 휘청거려**.

 높아지는 물가 때문에 국민들 **허리가 휘청거린다**.

허사가 되다

'허사(虛事 빌 허, 일 사)'는 보람 없고 쓸데없이 한 노력을 가리켜요. 그래서 '허사가 되다'는 그동안 해 온 노력이 보람이나 성과 없이 쓸모없게 되었다는 뜻이에요.

> **비슷한 표현**
> 물거품이 되다 / 헛물켜다

 계획이 바뀌는 바람에 그간 해 온 일이 **허사가 되고** 말았어요.

 이대로 있다가는 지금까지 노력한 것이 **허사가 될** 거야.

혀를 차다

마음이 언짢다는 뜻이에요. 혀를 소리 나게 '쯧쯧' 하고 차는 것은 마음에 들지 않은 일이 있거나 마음속의 불만을 나타내는 행동이에요.

> **비슷한 표현**
> 혀끝을 차다

 할머니는 내 옷을 보시더니 못마땅한 듯 **혀를 찼다**.

 친구는 어이가 없다는 듯이 **혀를 찼다**.

혈안이 되다

'혈안(血眼 피 혈, 눈 안)'은 붉게 충혈된 눈을 뜻해요.
또 기를 쓰고 달려들어 독이 오른 눈을 의미해요.
'혈안이 되다'는 어떤 일에 욕심을 내어 미친 듯이
달려드는 것을 표현하는 말이에요.

 그는 자기 이익만 챙기는 데 **혈안이 되어** 있다.

 참가자 모두 경기에서 1등을 하기 위해 **혈안이 되어** 있다.

호의를 베풀다

'호의(好意 좋을 호, 뜻 의)'는 친절한 마음씨,
좋게 생각해 주는 마음을 뜻해요.
따라서 '호의를 베풀다'는 상대방을 친절하고
좋은 마음으로 대하는 것을 말해요.

> 반대되는 표현

호의를 거절하다

 나에게 **호의를 베풀어** 준 사람들을 잊지 않을 거야.

 은혁이가 왜 갑자기 **호의를 베푸는지** 모르겠어.

화제가 되다

'화제(話題 말할 화, 제목 제)'는 이야기의 제목이나 소재를 뜻해요. 따라서 '화제가 되다'는 여러 사람의 주목을 받게 되는 이야깃거리의 소재가 된다는 뜻이에요.

> **비슷한 표현**

화제를 모으다 / 화제에 오르다

 그 영화는 올여름 사람들 사이에서 **화제가 되었다.**

 그는 최근 **화제가 되고** 있는 유명 가수예요.

희비가 엇갈리다

'희비(喜悲 기쁠 희, 슬플 비)'는 기쁨과 슬픔을 아울러 이르는 말이에요. '희비가 엇갈리다'는 기쁜 일과 슬픈 일이 한 장소에서 동시에 일어날 때 쓰는 표현이에요.

 합격자 발표에 사람들의 얼굴에 **희비가 엇갈렸다.**

 경기가 끝나자 양쪽 팀은 **희비가 엇갈렸다.**

2장

교과서에 수록된 속담을 기본으로 일상생활에서 자주 쓰이는 속담을 소개했어요. 속담에는 속뜻이 담겨 있어서 더욱 다양한 어휘를 표현할 수 있어요. 속담의 속뜻을 익히고 상황에 맞게 속담을 활용해 보세요.

속담으로 어휘력 키우기

미리 풀어 보는 속담 퀴즈

1. 고생 끝에 ㄴ 이 온다
   → 어렵고 힘든 일 뒤에는 좋은 일이 생긴다는 말이에요.

2. 세 살 버릇이 ㅇㄷ 까지 간다
   → 어릴 때의 버릇은 나이 들어서도 고쳐지지 않는다고 해요.

3. 발 없는 말이 ㅊ ㄹ 간다
   → 항상 말조심을 해야 한다는 뜻이에요.

4. 낙숫물이 ㄷㄷ 을 뚫는다
   → 꾸준히 노력하면 큰일을 해낼 수 있다고 해요.

5. 목마른 사람이 ㅇㅁ 판다
   → 급하고 아쉬운 사람이 서둘러 일을 시작한다는 뜻이에요.

6. 눈 가리고 ㅇㅇ 한다
   → 얕은 꾀로 남을 속이려 한다는 말이에요.

7. 달면 삼키고 ㅆㅁ 뱉는다
   → 자신에게 이로울 때만 가깝게 지낸다는 말이에요.

8. 젊어 ㄱ ㅅ 은 사서도 한다

   → 젊을 때는 힘든 일도 일부러 해 보는 것이 좋다는 말이에요.

9. ㅎ ㄹ ㄱ ㅇ ㅈ 범 무서운 줄 모른다

   → 자신보다 훨씬 강한 사람에게 철없이 덤비는 것을 뜻해요.

10. 콩을 ㅍ 이라 해도 곧이듣는다

    → 믿음을 주는 사람은 거짓말을 해도 그 말을 믿게 돼요.

11. 닭 쫓던 개 ㅈ ㅂ 쳐다보듯 한다

    → 애써 하던 일이 실패로 돌아갔다는 뜻이에요.

12. 믿는 ㄷ ㄲ 에 발등 찍힌다

    → 믿었던 사람에게 배신을 당했다는 뜻이에요.

13. 도랑 치고 ㄱ ㅈ 잡기

    → 한 가지 일을 하고서 두 가지 이익을 얻었을 때 쓰여요.

14. 불난 집에 ㅂ ㅊ ㅈ 한다

    → 화가 나 있는 사람의 화를 더 돋운다는 말이에요.

정답 1 누가 2 아픈 3 콩쥐 4 답답한 5 우물 6 이웃 7 쓰면 8 고생
9 하룻강아지 10 팥 11 지붕 12 도끼 13 가재 14 부채질

가는 날이 장날

일을 보러 갔더니 뜻하지 않게 장이 서는 날이라는 뜻으로 우연히 생각지도 못했던 일을 겪게 될 때 쓰는 말이에요. '장날'은 장이 서는 날을 뜻해요. 지금의 시장이나 마트가 없었던 옛날에는 보통 5일마다 시장이 열렸어요.

"가는 날이 장날이라더니, 캠핑 가는 날 비가 왔어요."

가는 말이 고와야 오는 말이 곱다

내가 상대방에게 말과 행동을 좋게 하면 상대방도
나에게 좋게 대하고, 반대로 내가 나쁜 말을 하고
밉게 행동하면 나에게도 나쁘게 대한다는 뜻이에요.

비슷한 속담

가는 떡이 커야 오는 떡이 크다
가는 정이 있어야 오는 정이 있다

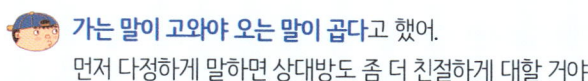
가는 말이 고와야 오는 말이 곱다고 했어.
먼저 다정하게 말하면 상대방도 좀 더 친절하게 대할 거야.

가는 말이 고와야 오는 말이 곱다는 말이 있듯이 서로 존중해야 해.

가랑비에 옷 젖는 줄 모른다

가랑비도 한참 동안 맞으면 옷이 젖고 말지요.
아무리 작은 일이라도 거듭되면 큰일이 될 수 있다는 뜻이에요.

가랑비 : 가늘게 내리는 비.

가랑비에 옷 젖는 줄 모르고 이것저것 샀더니 용돈을 다 써 버렸어요.

게임을 하다 보면 가랑비에 옷 젖는 줄 모르게 시간을 보내게 돼.

가랑잎이 솔잎더러 바스락거린다고 한다

가랑잎을 밟으면 솔잎보다 더 바스락거리는 소리가 나요.
자신의 결점이 큰 줄은 모르고 남의 작은 결점을
나무란다는 뜻이에요.

> **단어 뜻**
>
> **가랑잎** : 잎이 넓은 활엽수의 마른 잎을 말해요.

 자기가 떠드는 소리는 생각도 안 하고 옆 사람 책 넘기는 소리를 시끄럽다고 하다니, **가랑잎이 솔잎더러 바스락거린다고 하는군!**

 가랑잎이 솔잎더러 바스락거린다고 한다더니 남만 탓하는군.

가뭄에 콩 나듯 한다

오랫동안 비가 내리지 않아 메마른 날씨의 가뭄이
계속되면 심은 콩이 제대로 싹을 틔우지 못해 드문드문
나지요. 이처럼 어떤 일이 드물게 생기거나, 어떤 물건이
드문드문 적게 있음을 비유하는 말이에요.

 멀리 떠난 삼촌은 **가뭄에 콩 나듯** 소식을 전해 왔다.

 목욕이라고는 **가뭄에 콩 나듯 하는** 사람이야.

가재는 게 편

가재는 게와 생김새가 비슷해서 게 편을 든다는 말이에요.
환경이나 사정이 비슷한 사람들끼리는 같은 편이 되어
서로 이해하고 친해지기 쉽다는 뜻이지요.

비슷한 속담
초록은 동색이다

 형제라고 편을 드는 걸 보니 **가재는 게 편**이 맞군.

 가재는 게 편이라더니 개구쟁이들끼리 친구가 되었어요.

가지 많은 나무에 바람 잘 날이 없다

가지가 많은 나무는 가지가 적은 나무보다 바람에
잘 흔들려서 잠시도 가만히 있지 않지요.
이처럼 자식을 많이 둔 부모는 여러 자식들 걱정에
하루도 마음 편할 날이 없다는 뜻이에요.

 가지 많은 나무에 바람 잘 날이 없다더니 우리 집은 형제가
많아서 하루도 조용할 날이 없어요.

 엄마는 **가지 많은 나무에 바람 잘 날이 없다**고 늘 한숨을 쉬신다.

간에 붙었다 쓸개에 붙었다 한다

자신의 이익만 따져서 이 사람한테 붙었다가
저 사람한테 붙었다 하면서 자신의 필요에 따라
아첨하는 사람을 일컫는 말이에요.

비슷한 속담
간에 가 붙고 쓸개에 가 붙는다

 줏대 없이 **간에 붙었다 쓸개에 붙었다 하다가는** 화를 당하고 만다.

 간에 붙었다 쓸개에 붙었다가 도대체 넌 누구 편이니?

갈수록 태산이다

태산은 중국에 있는 높고 큰 산의 이름이에요.
갈수록 더욱 높고 큰 산이 나타난다는 말로, 어려운 일에
처했는데 점점 더 어려운 일이 생긴다는 뜻이에요.

 학교에 늦었는데 버스까지 놓치다니 **갈수록 태산이로군!**

 갈수록 태산이라더니 연필심이 부러졌는데 샤프까지 고장 나서 노트 필기를 할 수 없었어.

감나무 밑에 누워서 홍시 떨어지기를 기다린다

홍시가 떨어지면 먹으려고 감나무 밑에 누워 있는 것처럼
열심히 노력하지 않고 좋은 결과만 바란다는 뜻이에요.

단어 뜻

홍시 : 물렁하게 잘 익는 감을 말하며, '연시'라고도 해요.

 노력도 없이 **감나무 밑에 누워서 홍시 떨어지기를 기다리고** 있군.

 공부도 하지 않고 백 점을 바라는 건 **감나무 밑에 누워서
홍시 떨어지기를 기다리는** 것과 같아.

같은 값이면 다홍치마

값이 같다면 예쁜 치마가 더욱 좋겠지요.
물건을 살 때 같은 가격의 물건들 중에서 더 보기 좋고,
더 나은 것을 고른다는 뜻이에요.

단어 뜻

다홍치마 : 산뜻한 붉은색 치마.

 같은 값이면 다홍치마라고 값도 싸고 품질도 좋은 옷을 골라야지!

 같은 값이면 다홍치마랬어. 이왕이면 예쁜 케이크로 사자.

개구리 올챙이 적 생각 못 한다

개구리가 된 후에 올챙이 시절을 생각하지 못 한다는 말이에요. 부자가 되거나 형편이 나아진 후에 어렵게 지냈던 지난날을 생각하지 못 하고 처음부터 잘난 듯이 으스대는 것을 의미해요. 항상 자신을 돌아보고 겸손한 마음으로 행동해야 해요.

"**개구리 올챙이 적 생각 못 한다**더니 으스대는 모습이 꼴불견이었어요."

개똥도 약에 쓰려면 없다

흔하게 보이던 길가의 개똥도 막상 찾으려고 하면 안 보인다는 말이에요. 평소에 흔하게 쓰는 물건인데 필요해서 찾으면 구하기 어려울 때 이 속담을 써요.

비슷한 속담
쇠똥도 약에 쓰려면 없다

 개똥도 약에 쓰려면 없다더니 그 많던 연필이 모두 어디로 갔지?

 개똥도 약에 쓰려면 없다더니 흔하던 나무젓가락을 못 찾아 밥을 먹지 못했어.

개밥에 도토리

개는 도토리를 먹지 않기 때문에 개밥에 도토리가 들어가 있어도 먹지 않고 남기지요. 여럿 가운데 따돌림을 받거나 외톨이가 된 사람을 비유하는 말이에요.

 이 집에서는 내 신세가 **개밥에 도토리야.**

 아무 모임에도 끼지 못해 **개밥에 도토리** 신세가 되었어.

개천에서 용 난다

얕은 개천에서 깊은 물에 사는 용이
나왔다는 말이에요. 넉넉하지 못한 집안에서
훌륭한 인물이 나왔을 때 쓰는 속담이에요.

단어 뜻
개천 : 더러운 물이 흘러나가는 도랑을 말해요.

 우리 집에서는 나한테 **개천에서 용 났다**고 해요.

 개천에서 용 난다더니 그는 어려운 환경에서도
열심히 노력해서 꿈을 이루었다.

거미도 줄을 쳐야 벌레를 잡는다

거미가 벌레를 잡으려면 거미줄을 쳐야 해요.
어떤 일이든지 그 일에 대한 사전 준비가 있어야
좋은 결과를 얻을 수 있다는 뜻이에요.

 거미도 줄을 쳐야 벌레를 잡듯이 그 일을 해내려면
매일 꾸준히 연습해야 해.

 곧 시험인데 공부 좀 해라. **거미도 줄을 쳐야 벌레를 잡는다잖아!**

걷기도 전에 뛰려고 한다

아직 걷지도 못하는 아이가 뛰려고 하면 위험해요.
쉽고 작은 일도 하지 못하면서 무리하게 큰일을
하려 든다는 뜻이에요.

비슷한 속담
기기도 전에 날기부터 하려 한다

 구구단도 모르고 곱셈을 하려고 하니 **걷기도 전에 뛰려고 하는군**.

 걷기도 전에 뛰려고 한다는 말처럼 맡은 일도 잘 못하면서 더 어려운 일을 하겠다고 나서다니!

겉 다르고 속 다르다

겉과 속이 같지 않다는 뜻으로, 마음속으로는
좋지 않다고 생각하면서 겉으로는 좋은 듯이
행동한다는 말이에요.

 친절해 보이던 아저씨가 범인이었다니 정말 **겉 다르고 속 다른** 사람이 많은 것 같아.

 가끔 **겉 다르고 속 다른** 사람들이 있으니 조심해야 해.

고래 싸움에 새우 등 터진다

몸집이 큰 고래들이 싸우는데 그 사이에 있던
작은 새우의 등이 터졌어요. 이처럼 힘센 사람들의
싸움 때문에 아무 상관없는 약한 사람들이
그 사이에서 피해 보는 것을 뜻해요.

 고래 싸움에 새우 등 터진다고 엄마 아빠가 다투는 바람에 우리만 놀이공원에 못 가게 됐어요.

 고래 싸움에 새우 등 터질 수 있으니 형들이 싸우면 물러나 있어.

고생 끝에 낙이 온다

어렵고 힘든 일이 있은 뒤에는 좋은 일이
생긴다고 해요. 어려운 일이 있더라도
참고 견디면 좋은 일이 찾아온다는 뜻이에요.

비슷한 속담

태산을 넘으면 평지를 본다

 고생 끝에 낙이 온다니까 좀 더 참고 노력해 보는 건 어때?

 고생 끝에 낙이 온다더니 우리 형이 드디어 고시에 합격했어요.

고슴도치도 제 새끼가 제일 곱다고 한다

바늘 같은 꼿꼿한 털을 가진 고슴도치도 제 새끼가 제일 예쁘다고 해요. 부모는 자식의 잘못이나 단점을 모르고 무조건 예뻐 보인다는 뜻이에요.

비슷한 속담
고슴도치도 제 새끼는 함함하다고 한다

고슴도치도 제 새끼가 제일 곱다고 아빠는 내가 제일 노래를 잘한다고 하신다.

고슴도치도 제 새끼가 제일 곱다더니 엄마는 나를 톱스타라고 해.

고양이 목에 방울 달기

고양이 목에 방울을 달면 방울 소리를 듣고 쥐가 피할 수 있을 거예요. 하지만 무서운 고양이에게 방울을 달 수 있는 쥐는 없듯이 실행하지 못할 일을 헛되이 의논한다는 뜻이에요.

이 일에 아무도 나서지 않을 거야. **고양이 목에 방울 달기야.**

네가 말한 방법이 가장 좋을 것 같지만, 누가 **고양이 목에 방울을 달려고** 할까?

고양이 쥐 생각

고양이는 쥐의 천적이에요. 그런 고양이가 쥐를 보면서
속으로는 해칠 마음이 있으면서 겉으로는 잘해 주는 척해요.
사람들도 속마음을 숨기고 겉으로만 상대방을 위하는 척할 때
쓰는 속담이에요. 속마음이 빤히 들여다보이는 말은 안 하는 게 나아요.

"**고양이 쥐 생각**한다더니 고자질하고서 걱정해 주는 척했어요."

고양이한테 생선을 맡기다

고양이는 생선을 무척 좋아하기 때문에 고양이한테
생선을 맡기면 한입에 금세 먹어 치울 거예요.
이처럼 믿을 수 없는 사람에게 무언가를 맡기면
잃어버릴 수 있다는 뜻이에요.

 고양이한테 생선을 맡기지, 너한테 아이스크림을 맡기면
내가 화장실 다녀온 사이에 먹어 버릴 거잖아?

 동생한테 과자를 맡기느니 차라리 **고양이한테 생선을 맡기지!**

공든 탑이 무너지랴

공을 들여 쌓은 탑은 쉽게 무너지지 않지요.
정성을 다해 한 일은 쉽게 실패하지 않고 좋은 결과를
얻는다는 뜻이에요. '무너지랴'는 무너질 리가
없다는 것을 강조한 말이에요.

 오랫동안 준비했으니 잘할 수 있어. **공든 탑은 무너지지 않잖아.**

 공든 탑은 무너지지 않는다고 하더니 누구보다 열심히 준비한 그가
대회에서 대상을 차지했다.

구관이 명관이다

경험이 많아서 익숙한 사람이 일을 더 잘하는 것을 비유적으로 이르는 말이에요. 또한 나중에 온 사람을 겪어 본 다음에야 먼저 사람이 좋았음을 뒤늦게 깨닫게 될 때도 이 속담을 써요.

단어 뜻

구관 : 먼저 재임했던 벼슬아치를 뜻해요.
명관 : 정치를 잘하여 이름난 관리를 가리켜요.

 구관이 명관이라고 무슨 일이든 경험이 필요해요.

 이번에도 맡은 일을 잘 해내는 걸 보니 **구관이 명관이군.**

구더기 무서워 장 못 담글까

약간의 방해가 되는 일이 있더라도 해야 할 일은 반드시 한다는 뜻이에요.

단어 뜻

구더기 : 파리의 애벌레를 말해요.

 구더기 무서워 장 못 담근다고 걱정만 하지 말고 할 일을 해.

 구더기 무서워 장 못 담근다더니 잘못될까 봐 시작조차 안 하는 거야?

구르는 돌은 이끼가 안 낀다

한 곳에 머물러 있는 돌에는 이끼가 생기지만,
쉬지 않고 구르는 돌에는 이끼가 생기지 않아요.
이처럼 부지런히 노력하는 사람은
계속 발전한다는 뜻이에요.

 구르는 돌은 이끼가 안 끼듯 운동도 매일 해야 몸매를 유지할 수 있어.

 구르는 돌에는 이끼가 안 낀다고 악기 연습을 게을리 했더니 요즘은 악보 보는 것도 힘들어.

구슬이 서 말이라도 꿰어야 보배

구슬이 아무리 많아도 꿰어 놓지 않으면 쓸모가 없어요.
아무리 좋은 것이라도 잘 다듬고 정리해 쓸모 있게
만들어야 가치가 있다는 뜻이에요.

단어 뜻

말 : 곡식 등의 양을 잴 때 쓰는 단위로, 약 18리터에 해당해요.

 구슬이 서 말이라도 꿰어야 보배라고 머리는 좋은데 공부를 안 하는군!

 구슬이 서 말이라도 꿰어야 보배이듯이 잘 세운 계획도 실천하지 않으면 아무 소용이 없어.

군말이 많으면 쓸 말이 적다

'군말'은 쓸데없는 군더더기 말을 뜻해요.
굳이 하지 않아도 될 말을 많이 늘어놓으면
정작 쓸 만한 말은 적어지니 말을 삼가라는 뜻이에요.

비슷한 속담
말이 많으면 쓸 말이 적다

 말이 너무 많군. **군말이 많으면 쓸 말이 적다**고 했어.

 군말이 많으면 쓸 말이 적다고 간결하게 말하는 버릇을 들여야 해.

굼벵이도 구르는 재주가 있다

몸이 짧고 뚱뚱해서 잘 움직이지 못할 것 같은 굼벵이도
잘 구르는 재주가 있어서 땅에 떨어져도 다치지 않아요.
아무리 미련하고 못난 사람도 장점이 있다는 뜻이에요.

단어 뜻
굼벵이 : 매미의 애벌레로 누에처럼 생겼어요.

 굼벵이도 구르는 재주가 있다고 나는 공부는 못하지만 달리기는 항상 1등이야!

 굼벵이도 구르는 재주가 있다고 청소 하나는 깔끔하게 잘하는군.

귀에 걸면 귀걸이, 코에 걸면 코걸이

귀걸이를 코에 걸고서 코걸이라고 말해요.
어떤 원칙을 정해 놓지 않고 상황에 따라
이렇게 저렇게 둘러댈 때 쓰는 말이에요.

비슷한 속담
코에 걸면 코걸이, 귀에 걸면 귀걸이

 귀에 걸면 귀걸이, 코에 걸면 코걸이라고 야구방망이로 도둑을 잡았대.
 이익만 따져 말을 바꾸다니! 귀에 걸면 귀걸이, 코에 걸면 코걸이군.

귀한 자식 매 한 대 더 때린다

자식을 귀하게 여길수록 좋게만 위해 줄 것이 아니라
버릇을 가르치기 위해서는 매로 때려서라도
엄하게 교육해야 한다는 말이에요.

비슷한 속담
귀한 자식 매로 키워라

 귀한 자식 매 한 대 더 때린댔어. 엄마가 혼내신 것을
너무 섭섭하게 생각하지 마.
 귀한 자식 매 한 대 더 때린다고 아빠는 나를 엄하게 가르치셨다.

금강산도 식후경

금강산은 북한에 있는 경치가 매우 아름다운 산이에요.
금강산의 멋진 풍경도 밥을 먹은 후에 구경해야 제대로 즐길 수 있지요.
아무리 재미있는 일이라도 배가 불러야 흥이 나고, 배가 고프면
흥미가 생기지 않는다는 뜻이에요.

"**금강산도 식후경**이라고 배를 채워야 신나게 놀 수 있어요."

급히 먹는 밥이 목이 멘다

밥을 급하게 먹으면 목이 메기 마련이에요.
일을 할 때도 너무 급하게 서둘면
실패하기 쉽다는 뜻이에요.

 급히 먹는 밥이 목이 멘다고 급해도 차근차근 일을 해야 실수가 없어.

 급히 먹는 밥이 목이 메기 마련이듯, 서둘러 내세운 약속은 결국 지켜지지 않았다.

길고 짧은 것은 대어 보아야 안다

비슷한 길이는 어느 것이 길고 짧은지 눈짐작으로
정확히 알 수 없어요. 크고 작고, 이기고 지고,
잘하고 못하는 것은 실제 겨루거나 비교해 봐야
알 수 있다는 말이에요.

비슷한 속담
길든 짧든 대보아야 한다

 으스대는 찬희에게 **길고 짧은 것은 대어 보아야 안다**고 큰소리쳤다.

 길고 짧은 것은 대어 보아야 안다고 꼴등할 거라고 예상했던 경주마가 당당히 우승을 차지했어요.

까마귀 날자 배 떨어진다

까마귀가 날아가자 하필 그때 배가 떨어졌어요.
아무 관계없는 일이 우연히 같은 때에 일어나서
남의 의심을 받게 될 때 쓰는 속담이에요.

> 비슷한 속담

오얏나무 아래서 갓끈을 고쳐 매지 마라

 내가 오자마자 방귀 냄새가 나다니, **까마귀 날자 배 떨어진 꼴이군.**

 까마귀 날자 배 떨어진다고 문을 닫자마자 창문이 깨졌다.

꼬리가 길면 밟힌다

꼬리가 길면 길수록 밟히기 쉽고, 잡히기도 쉬워요.
나쁜 일을 한두 번 해서 들키지 않았다고 오랫동안
계속하면 결국에는 들키고 만다는 뜻이에요.

 꼬리가 길면 밟힌다고 계속 학원을 빠지면 엄마가 곧 알게 될 거야.

 꼬리가 길면 밟힌다고 몸에 좋지 않은 첨가물을 식품에 넣은 공장이 이번 단속에 걸렸다.

꾸어다 놓은 보릿자루

꾸어 온 보릿자루를 방 한쪽 구석에 놓는다는 말에서 유래했어요. 여럿이 이야기를 하는데 잘 어울리지 못하고 혼자서 말없이 앉아 있는 사람을 놀리는 말이에요.

단어 뜻

꾸다 : 남의 것을 얼마 동안 빌려 쓰는 것을 뜻해요.

 서로 인사하며 안부를 묻는데 나 혼자만 **꾸어다 놓은 보릿자루**처럼 가만히 앉아 있었다.

 꾸어다 놓은 보릿자루처럼 왜 아무 말 없이 서 있는 거니?

꿈보다 해몽이 좋다

언짢은 일을 좋게 풀이하는 것을 비유적으로 이르거나, 하찮고 사소한 일을 좋게 풀이할 때 쓰는 말이에요.

단어 뜻

해몽 : 꿈에 나타난 일을 풀이해 좋고 나쁨을 판단하는 것을 뜻해요.

 꿈보다 해몽이 좋다고 그는 나쁜 일도 항상 좋은 쪽으로 해석한다.

 꿈보다 해몽이 좋다더니 다쳐서 병원에 입원한 아빠는 이 참에 좀 쉬게 되어 좋다고 하신다.

꿩 대신 닭

옛날에는 꿩 고기로 여러 가지 음식을 했는데 꿩은 쉽게 구할 수 없어서 대신 비슷하게 생긴 닭을 사용해서 요리하기도 했어요. 꼭 필요한 것이 없으면 비슷한 것으로 대신한다는 뜻이에요.

비슷한 속담
봉 아니면 꿩이다

 짜장면이 먹고 싶었지만 중국집이 문을 닫아서 **꿩 대신 닭**이라고 짜장 라면을 끓여 먹었다.

 꿩 대신 닭이라고 바다 대신 실내 수영장에 가기로 했어.

꿩 먹고 알 먹는다

꿩을 잡았더니 배 속에 알까지 들어 있어서 꿩을 잡아 고기도 먹고 알도 먹었어요. 한 가지 일을 하다가 두 가지의 이익을 얻을 때 쓰는 말이에요.

 꿩 먹고 알 먹는다고 운동은 몸도 튼튼, 키도 쑥쑥 크게 해 준다.

 그 일은 용돈도 벌고 공부도 되는 일이라 **꿩 먹고 알 먹고지**.

낙숫물이 댓돌을 뚫는다

낙숫물도 오랫동안 떨어지면 댓돌을 뚫을 수 있지요.
이처럼 작은 힘이라도 꾸준히 노력하면
큰일을 해낼 수 있다는 뜻이에요.

단어 뜻

낙숫물 : 비나 눈이 녹아 처마 끝에서 떨어지는 물이에요.
댓돌 : 집의 낙숫물이 떨어지는 곳에 놓은 돌을 말해요.

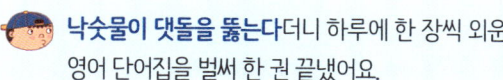 낙숫물이 댓돌을 뚫는다더니 하루에 한 장씩 외운 영어 단어집을 벌써 한 권 끝냈어요.

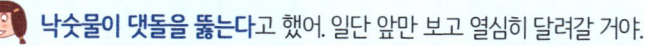 낙숫물이 댓돌을 뚫는다고 했어. 일단 앞만 보고 열심히 달려갈 거야.

남의 손의 떡은 커 보인다

같은 크기의 떡인데도 왠지 남의 손에 있는 떡이
커 보여요. 같은 물건이라도 남의 것이 더 많아
보이거나 좋아 보인다는 뜻이에요.

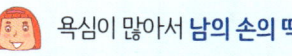 욕심이 많아서 남의 손의 떡이 커 보이는 거예요.

남의 손의 떡은 커 보인다더니 친구의 핫도그가 더 커 보여요.

남의 잔치에 감 놓아라 배 놓아라 한다

잔치는 여러 사람이 모여 축하를 하는 자리예요.
그런데 남의 잔치에 가서 상에 감을 놓아라, 배를 놓아라 하듯이 남이 하는 일에 이래라저래라 참견한다는 뜻이에요. 이런 행동은 상대방의 미움만 살 뿐이니 간섭하지 않는 게 좋아요.

"남의 잔치에 감 놓아라 배 놓아라 참견하는 건 좋지 않아요."

낫 놓고 기역 자도 모른다

기역(ㄱ) 자를 닮은 낫을 앞에 놓고도 기역 자를
모른다는 뜻으로, 무식한 사람을 말할 때 쓰는 말이에요.

> **단어 뜻**
>
> **낫** : 곡식이나 풀 등을 베는 데 쓰는 농기구로 'ㄱ'자 모양이에요.

 낫 놓고 기역 자도 모른다더니 어떻게 참외를 보고 멜론이라고 하니?

 그렇게 알려 줬는데도 낫 놓고 기역 자도 모르는군!

낮말은 새가 듣고, 밤말은 쥐가 듣는다

낮에 하는 말은 낮 동안 활동하는 새가 듣고,
밤에 하는 말은 밤에 활동하는 쥐가 듣는다는 말이에요.
비록 아무도 없는 곳이라 해도 언제나 말조심을
해야 한다는 뜻이에요.

 낮말은 새가 듣고, 밤말은 쥐가 듣는다고 그 얘기는 어디서도 하지 마!

 낮말은 새가 듣고, 밤말은 쥐가 듣는다더니 어제 우리 둘이 나눈
이야기를 어떻게 알았을까?

내 코가 석 자

내 코가 석 자로 길어지면 앞을 제대로 볼 수 없어서 힘들 거예요. 내 일에 신경 쓰느라 다른 사람을 살필 여유가 없다는 것을 뜻해요.

단어 뜻

자 : 길이를 재는 단위로 한 자는 약 30.3cm이고, 석 자는 약 90.9cm를 말해요.

 내 코가 석 자여서 빌려 줄 돈이 없어.

 요즘 내 코가 석 자라서 널 도와 줄 시간이 없어.

냉수 먹고 이 쑤시기

냉수를 먹고서 고기를 먹은 것처럼 이쑤시개로 이를 쑤신다는 말이에요. 실속 없이 겉으로만 있는 체하는 사람을 일컫는 속담이에요.

 재윤이가 딱지를 모두 잃고도 아직 많이 남은 것처럼 거들먹거리자, 친구들은 **"냉수 먹고 이 쑤시느냐?"** 며 핀잔을 주었다.

 냉수 먹고 이 쑤시듯 허세를 부리고 있군.

누울 자리 봐 가며 발을 뻗어라

어떤 일을 할 때 그 결과가 어떻게 될 것인지
예측하고 일을 시작하라는 말이에요.
즉, 시간과 장소를 가려서 행동하라는 뜻이에요.

> 비슷한 속담

발 뻗을 자리를 보고 누우랬다

 그는 부탁해도 들어줄 사람이 아니야. **누울 자리 봐 가며 발을 뻗어야지.**

 누울 자리 봐 가며 발을 뻗으랬다고 친구를 두둔하다가
선생님한테 나까지 혼나게 생겼다.

누워서 침 뱉기

누워서 침을 뱉으면 결국 침이 자기 얼굴로
떨어지게 돼요. 이처럼 남에게 해를 끼치려다가
오히려 자기가 해를 입게 된다는 뜻이에요.

> 비슷한 속담

자기 얼굴에 침 뱉기

 뒤에서 자기와 친한 친구를 욕하고 다니는 건 **누워서 침 뱉기지.**

 남들에게 가족의 흉을 보는 것은 **누워서 침 뱉기이다.**

누이 좋고 매부 좋다

여동생도 좋고 여동생의 남편도 좋다는 말로,
어떤 일이 서로에게 모두 좋을 때 쓰는 말이에요.

단어 뜻
누이 : 여동생을 일컫는 말이에요.
매부 : 여동생의 남편을 가리켜요.

 내 청소를 도와주면 나는 네 숙제를 도울게.
누이 좋고 매부 좋은 일이야.

 누이 좋고 매부 좋은 나눔 장터에서 쓰지 않는 물건을 나누었어.

눈 가리고 아웅

속이 들여다보이는 얕은꾀로 남을 속이려고 하거나,
나쁜 행동의 일부분만 가리고서 전부를 감추었다고
생각하는 것을 빗대는 말이에요.

비슷한 속담
가랑잎으로 눈 가리고 아웅 한다

 자신의 잘못을 덮으려고 거짓말을 하다니 **눈 가리고 아웅** 하는군.

 문제 해결을 위해 **눈 가리고 아웅** 하는 식의 대책은 안 돼.

눈에 콩깍지가 씌었다

눈에 콩 껍질이 덮이면 앞을 제대로 볼 수 없어요.
앞이 가리어 사물을 정확히 보지 못한다는
뜻이에요. 한눈에 상대방에게 반해 좋아하게
되었을 때 흔히 쓰는 표현이에요.

 눈에 콩깍지가 씌었는지 그 아이가 하는 행동은 모두 예뻐 보여.

 사귄 지 얼마 안 된 연인들은 **눈에 콩깍지가 씌기** 마련이다.

눈을 떠도 코 베어 간다

눈을 뜨고 있는데도 코를 베어 갈 만큼
사람들의 마음이 나빠서 살기 어려운
무서운 세상이라는 뜻이에요.

> 눈 떠도
> 코 베어 가니
> 오늘도 조심하렴!

비슷한 속담

눈 뜨고 코 베어 갈 세상
눈 감으면 코 베어 먹을 세상

 낯선 곳에서는 정신을 바짝 차려야 해. **눈을 떠도 코 베어 간다잖아.**

할머니는 **눈을 떠도 코 베어 가는** 세상이니 어디에 가든 항상 조심하라고 말씀하셨다.

늦게 배운 도둑이 날 새는 줄 모른다

늦게 배운 도둑질을 날 새는 줄 모르고 한다는 말로, 남들보다 늦게 시작한 일에 더 열중하게 된다는 뜻이에요. '도둑'이라는 낱말 때문에 부정적인 의미라고 생각할 수 있지만 긍정적인 상황에서도 쓰이는 표현이에요.

"늦게 배운 도둑이 날 새는 줄 모른다는 말이 딱 맞아요."

다 된 죽에 코 빠뜨린다

정성 들여 만든 죽에 콧물이 떨어지면 먹지 못하게 되겠지요. 거의 다 이루어진 일을 어이없는 실수로 망쳤을 때 쓰는 말이에요.

비슷한 속담
다 된 죽에 코 풀기

 어렵게 약속을 했는데 일이 생겨서 결국 못 갔으니 **다 된 죽에 코 빠뜨린** 격이지.

 다 된 죽에 코 빠뜨린다고 마지막 면접에서 실수를 했어.

다람쥐 쳇바퀴 돌듯

다람쥐는 쳇바퀴를 열심히 돌아도 제자리로 돌아와요. 여기에 비유해 나아지거나 발전하지 못하고 같은 일을 되풀이하며 제자리걸음만 한다는 뜻이에요.

비슷한 속담
개미 쳇바퀴 돌듯

 다람쥐 쳇바퀴 돌듯 매일 반복되는 하루가 흘러간다.

 회의는 **다람쥐 쳇바퀴 돌듯** 계속 제자리를 맴돌며 진전이 없었다.

달걀로 바위 치기

껍질이 얇은 달걀로 바위를 치면 당연히 달걀이
깨지고 말아요. 이처럼 보잘것없는 힘으로
맞서 보아도 도저히 이길 수 없다는 뜻이에요.

 이번 대결은 **달걀로 바위 치기**이지만 한 번 겨뤄 볼래!

 달걀로 바위 치기라고 생각했던 대회에서 당당히 우승을 했다.

달도 차면 기운다

달은 둥근 보름달이 되고 나면 조금씩
기울게 되는 것처럼, 어떤 일이 번창하게 되면
다시 전보다 힘을 잃거나 줄어든다는 말이에요.

비슷한 속담
그릇도 차면 넘친다

 일이 잘 풀릴 때 오히려 조심해야 해. **달도 차면 기운다**고 하잖니.

 달도 차면 기운다는 속담처럼 인생은 오르막길이 있으면
내리막길도 있는 법이라고 했다.

달면 삼키고 쓰면 뱉는다

맛있으면 삼키고 맛이 없으면 아무 데나 뱉어요.
옳고 그름이나 신뢰를 생각하지 않고 자신에게
이로울 때는 가깝게 지내고 그렇지 않을 때는
버린다는 말이에요.

비슷한 속담
추우면 다가들고 더우면 물러선다

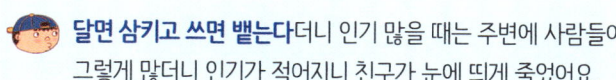
달면 삼키고 쓰면 뱉는다더니 인기 많을 때는 주변에 사람들이
그렇게 많더니 인기가 적어지니 친구가 눈에 띄게 줄었어요.

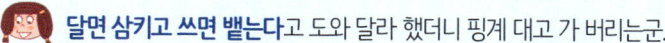
달면 삼키고 쓰면 뱉는다고 도와 달라 했더니 핑계 대고 가 버리는군.

닭 소 보듯, 소 닭 보듯

닭과 소는 옆에 있어도 서로 쫓거나 위협하지 않아요.
서로를 별로 상관하지 않고 무관심한 사이를
가리킬 때 쓰는 말이에요.

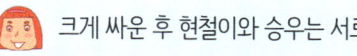
크게 싸운 후 현철이와 승우는 서로 닭 소 보듯, 소 닭 보듯 했다.

우리는 서로 닭 소 보듯, 소 닭 보듯 하는 사이랍니다.

닭 잡아먹고 오리발 내놓기

닭을 잡아먹은 사람이 엉뚱하게 오리를 먹었다고
오리발을 내놓고 둘러대요. 옳지 못한 일을 하고서
잘못을 감추기 위해 엉뚱한 속임수를 쓸 때 하는 말이에요.

비슷한 속담
눈 가리고 아웅

 닭 잡아먹고 오리발 내놓는다고 어떻게 그런 거짓말을 할 수 있지?

 분명히 네가 한 일인데 모른다니, **닭 잡아먹고 오리발 내미는 격이군.**

닭 쫓던 개 지붕 쳐다보듯

개에게 쫓기던 닭이 지붕으로 올라가자 개는 뒤따라
올라가지 못하고 지붕만 쳐다봐요. 애써 하던 일이
실패로 돌아가거나, 경쟁을 하던 상대방보다 뒤떨어져
어쩔 도리가 없을 때 쓰는 말이에요.

 벌써 건널목을 건너 도망가는 녀석을 보고 **닭 쫓던 개 지붕만 쳐다봤지 뭐!**

 눈앞에서 버스를 놓쳐 **닭 쫓던 개 지붕 쳐다보듯** 발만 동동 굴렀다.

도둑이 제 발 저리다

죄를 지은 도둑은 마음이 불안하여 발이 저린 것처럼 느낀다는 말이에요. 이처럼 죄를 지은 사람은 그 사실이 알려질까 봐 조마조마한 마음으로 걱정하다가 결국은 스스로 죄를 드러낸다는 뜻이에요.

 저렇게 화내는 모습을 보니 **도둑이 제 발 저린 거** 아냐?

 도둑이 제 발 저리다고 물어보지도 않았는데 창문 깨뜨린 이야기를 술술 하지 뭐야!

도랑 치고 가재 잡기

논에 도랑을 내는데 가재까지 잡았다는 말로, 한 가지 일을 하고서 두 가지 이익을 얻었다는 뜻이에요.

> **단어 뜻**

도랑 : 매우 좁고 작은 개울을 말해요.

 성적이 올라 칭찬받았는데 장학금까지 받았으니 **도랑 치고 가재 잡았지.**

 쇼핑도 하고 선물도 받을 수 있으니 **도랑 치고 가재 잡는** 셈이군.

도토리 키 재기

도토리는 신갈나무, 상수리나무, 떡갈나무 등 참나무과의 나무에 열리는 열매로 크기가 1~2cm예요. 모양이나 크기가 비슷한 도토리는 키를 재도 별 차이가 없어요. 실력이나 재능이 비슷한 사람끼리는 서로 경쟁하거나 차이를 재어 볼 필요가 없다는 뜻으로 쓰는 속담이에요.

"음치인 친구끼리 노래로 도토리 키 재기를 하고 있어요."

돌다리도 두들겨 보고 건너라

튼튼한 돌다리라 해도 무너지지 않을지 두들겨 보고 건너요. 확실하게 잘 아는 일도 다시 한번 확인하고 신중하게 하라는 뜻이에요.

비슷한 속담
아는 길도 물어 가랬다

 돌다리도 두들겨 보고 건너라고 좀 더 알아보고 가는 게 좋겠어.

 실수하지 말라고 돌다리도 두들겨 보고 건너라고 한 거야.

되로 주고 말로 받는다

내가 줄 때는 '되'로 주고, 받을 때는 되의 열 배인 '말'로 받는다는 말이에요. 즉, 조금 주고서 받을 때는 많이 받는 것을 뜻해요.

단어 뜻
되, 말 : 곡식 등의 양을 잴 때 쓰는 단위예요.
'되'는 약 1.8리터이고, '말'은 약 18리터에 해당해요.

 험담을 한 번 했다가 잔뜩 욕을 듣다니 되로 주고 말로 받았군.

 되로 주고 말로 받는다고 쓰레기를 버렸다가 청소를 도맡게 됐어.

될성부른 나무는 떡잎부터 알아본다

'떡잎'은 씨앗이 자라면서 가장 먼저 나오는 잎이에요.
크게 자랄 나무는 떡잎만 봐도 알 수 있다는 말로,
장래에 크게 될 사람은 어릴 때부터
남다른 점이 있다는 뜻이에요.

 될성부른 나무는 떡잎부터 알아본다고 저 아이는 큰 인물이 될 거야.

 처음 농구를 한 건데 이 정도 실력이면 **될성부른 나무는 떡잎부터 알아본다**고 선수가 될 자격이 충분해.

등잔 밑이 어둡다

등잔불을 켜도 등잔의 바로 아래쪽은 어두워서
잘 보이지 않아요. 먼 곳에 있는 것보다 오히려
가까이에 있는 것을 알아보지 못한다는 뜻이에요.

> **단어 뜻**

등잔 : 옛날에 기름을 담아 불을 켜는 데 쓰던 그릇이에요.

 등잔 밑이 어둡다더니, 그 경비원이 바로 도둑이었어.

 우리 집 옆에 이렇게 좋은 놀이터가 있었어?
등잔 밑이 어둡다더니 그 말이 딱 맞네!

땅 짚고 헤엄치기

물속에 손을 넣어 땅을 짚고 헤엄을 치면
힘들이지 않고 쉽게 앞으로 나아갈 수 있어요.
어떤 일이 매우 쉬워서 잘할 수 있다는 뜻이에요.

 이건 내가 제일 잘하는 일이라 **땅 짚고 헤엄치기지!**

 우체국 집배원들에게 집 찾기는 **땅 짚고 헤엄치기야.**

떡 줄 사람은 꿈도 안 꾸는데 김칫국부터 마신다

떡을 가진 사람은 줄 생각이 없는데 떡에 목이
멜까 봐 먹는 김칫국부터 먼저 마신다는 말이에요.
즉, 상대방은 줄 생각이 없는데 다 된 것처럼 여기고
미리 기대한다는 뜻이에요.

비슷한 속담

김칫국부터 마신다

 떡 줄 사람은 꿈도 안 꾸는데 김칫국부터 마신다더니 회장 선거에 나온 재형이는 내가 자기를 뽑을 거라고 생각한다.

 창피하게 **떡 줄 사람은 꿈도 안 꾸는데 김칫국부터 마셨군.**

똥 묻은 개가 겨 묻은 개 나무란다

더러운 똥을 묻힌 개가 곡식 껍질이 붙어 있는 개한테
지저분하다고 흉을 봐요. 즉, 자신의 큰 결점은
보지 못하고 남의 작은 결점을 흉본다는 뜻이에요.

단어 뜻
겨 : 곡식을 찧어 벗겨 낸 껍질이에요.

 똥 묻은 개가 겨 묻은 개 나무란다더니 반에서 꼴등하는 친구가
내 성적이 떨어졌다며 놀려 댔다.

 똥 묻은 개가 겨 묻은 개 나무란다고 남의 흉만 보는 사람들이 있다.

뛰는 놈 위에 나는 놈 있다

걸어가는 것보다 뛰어가는 것이 빠르고, 뛰는 것보다
나는 것이 빨라요. 즉, 뛰는 사람이 가장 잘난 것 같지만
알고 보면 나는 사람도 있다는 말이에요. 아무리 잘난 사람도
더 뛰어난 사람이 있으니 섣부르게 뽐내지 않아야 해요.

 뛰는 놈 위에 나는 놈 있다더니 우리 언니보다 피아노를
더 잘 치는 사람이 나타날 줄 몰랐어.

 뛰는 놈 위에 나는 놈 있다고 달리기를 잘하는 유빈이가 뒤처졌다.

마른하늘에 날벼락

맑은 하늘에 갑자기 벼락이 친다는 말로,
생각지 못한 사이에 갑자기 어려운 일이나
불행한 일을 만났다는 뜻이에요.

비슷한 속담
맑은 하늘에 벼락 맞겠다

 마른하늘에 날벼락이라고 갑자기 들이닥친 홍수에
우리 동네가 물에 잠기고 말았어요.

 작은 불씨로 온 산이 불타다니! **마른하늘에 날벼락**이다.

마파람에 게 눈 감추듯

마파람이 불어오면 개펄의 게들이 위험을 느끼고
재빨리 눈을 감춘다고 해요. 음식을 허겁지겁
재빨리 먹어치울 때 쓰는 말이에요.

단어 뜻
마파람 : 뱃사람들이 쓰는 말로, 남쪽에서 불어오는 바람을 말해요.

 엄마가 만든 쿠키는 맛있어서 **마파람에 게 눈 감추듯** 먹게 돼요.

 산 정상에 올라와서 **마파람에 게 눈 감추듯** 싸 온 도시락을 먹었다.

말 안 하면 귀신도 모른다

자기 생각을 말하지 않으면 귀신이라도 속마음을 알지 못하듯이, 힘든 일이 있을 때는 애태우지 말고 속마음을 말하라는 뜻이에요. 무슨 일이든 자신의 생각을 정확하게 이야기해야 상대방이 오해하는 일이 없어요.

"말 안 하면 귀신도 몰라요. 속마음을 이야기해야 해요."

말이 씨가 된다

여기에서 '씨'는 씨앗이 아닌 일의 원인을 의미해요.
즉, 말했던 것이 어떤 일의 원인이 된다는 뜻으로,
자주 말하던 것이 사실대로 되었을 때 쓰는 속담이에요.

 말이 씨가 된다고 그는 입버릇처럼 변호사가 되겠다고 하더니
정말 꿈을 이루었어요.

 항상 말을 조심하고 신중히 해야 해. **말이 씨가 된다**고 하잖니.

말 한마디에 천 냥 빚도 갚는다

말만 잘하면 천 냥이나 되는 빚도 갚을 수 있다고 해요.
말을 설득력 있고 조리 있게 잘하면 어려운 일도
해결할 수 있다는 뜻이에요.

단어 뜻

냥 : 옛날에 돈을 세는 단위였어요.

 말 한마디에 천 냥 빚도 갚는다니까 다시 한번 잘 이야기해 봐!

 그렇게 맨날 투덜대지 말고 예쁘게 말하면 안 되겠니?
말 한마디에 천 냥 빚도 갚는다잖아.

맞은 놈은 펴고 자고, 때린 놈은 오그리고 잔다

맞은 사람은 다리를 펴고 자지만 때린 사람은
마음이 불안하여 오그리고 잔다고 해요.
즉, 맞은 사람보다 남을 괴롭힌 사람은 오히려
뒷일이 걱정되어 마음이 불안하다는 뜻이에요.

 너를 괴롭힌 그 친구도 마음이 편하지 않을 거야.
맞은 놈은 펴고 자고, 때린 놈은 오그리고 잔다고 하잖아.

 맞은 놈은 펴고 자고, 때린 놈은 오그리고 잔다는데 반대처럼 느껴져.

매도 먼저 맞는 놈이 낫다

어차피 맞을 매라면 마음 졸이지 않고 얼른 맞는 게
낫다는 말이에요. 어차피 겪어야 할 일이라면 어렵고
힘들어도 빨리 치르는 것이 낫다는 뜻이에요.

 매도 먼저 맞는 놈이 낫다고 난 항상 어려운 숙제 먼저 해치운다.

 매도 먼저 맞는 놈이 낫다고 언젠가 한 번은 해야 할 일이라면
미루지 않고 지금 하는 게 어떨까?

먼 사촌보다 가까운 이웃이 낫다

가까운 곳에 사는 이웃은 서로의 사정을 잘 알고 어려울 때 빨리 도움을 주고받기도 해요. 그래서 이웃과 사이좋게 지내면 정이 들어 사촌보다 가까워진다는 뜻이에요.

단어 뜻

사촌 : 아버지의 형제와 자매의 아들이나 딸을 말해요.

 먼 사촌보다 가까운 이웃이 낫다고 쓰러진 아빠를 옆집 아저씨가 발견해서 병원으로 데려가 주셨어요.

 먼 사촌보다 가까운 이웃이 낫다고 이웃들과 서로 돕고 지내요.

메뚜기도 유월이 한철이다

메뚜기는 유월이 되면 바쁘게 활동하다가 추워지면 점차 활동을 못 해요. 사람도 자기 세상을 만난 듯이 날뛰는 것을 뜻해요. 또 누구나 한창 활동할 수 있는 전성기는 짧으니 그때를 놓치지 말라는 뜻도 있어요.

 메뚜기도 유월이 한철이라고 인정받을 때 열심히 해야 해.

 메뚜기도 유월이 한철이라고 여행지에서 터무니없이 비싼 가격으로 음식을 팔고 있었다.

모래 위에 쌓은 성

모래 위에 성을 쌓으면 금세 허물어질 것처럼 위태로워요. 기초가 약하여 오래가지 못하고 곧 허물어질 수 있는 것을 일컫는 말이에요.

> **비슷한 속담**
> 모래 위에 선 누각

 꾸준히 할 수 있는 인내심이 없으면 언제 무너질지 모르는 **모래 위에 쌓은 성**과 같아.

 내 기대는 마치 **모래 위에 쌓은 성**처럼 한순간 허물어져 버렸다.

모르면 약이요, 아는 게 병

모르면 차라리 마음이 편한데, 조금이라도 알게 되면 오히려 걱정거리가 되어 해롭다는 말이에요.

 모르면 약이요, 아는 게 병이라고 어차피 지나갈 일인데 그 사실을 유진이한테 말하지 않는 게 좋겠어.

 모르면 약이요, 아는 게 병인 것처럼 모르는 게 차라리 나을 때가 있어.

목구멍이 포도청

'포도청'은 지금의 경찰서와 같은 곳이에요.
배고픔이 포도청처럼 무섭다는 말로,
먹고살기 힘들어지면 무섭고 두려운 일도
가리지 않고 하게 된다는 뜻이에요.

 목구멍이 포도청이라고 이젠 힘든 일도 닥치는 대로 한다.

 목구멍이 포도청이라고 그는 힘든 집안 사정에 어쩔 수 없이 도둑질을 했다고 자백했다.

목마른 사람이 우물 판다

목이 말라 물이 급한 사람이 서둘러 우물을 파듯이,
급하고 아쉬운 사람이 서둘러 일을 시작한다는 뜻이에요.

단어 뜻

우물 : 물을 얻기 위해서 땅을 파서 지하수를 고이게 한 곳을 말해요.

 목마른 사람이 우물 판다고 더위를 많이 타는 수환이가 먼저 나서서 에어컨을 틀었다.

 목마른 사람이 우물 판다고 네가 나서서 해 보는 건 어때?

못된 송아지 엉덩이에 뿔이 난다

머리에 나야 하는 뿔이 송아지의 엉덩이에 나면 안 되겠지요.
성품이 고약하면 세상의 이치도 엇나가듯이, 못된 사람이 비뚤어지고
좋지 못한 행동만 한다는 뜻이에요. 남들에게 미움 받는 사람이
자신의 행동을 반성하기는커녕 나쁜 짓만 하고 다닐 때 쓰는 속담이에요.

"못된 송아지 엉덩이에 뿔이 난다더니, 나쁜 짓만 하고 다녀요."

못 먹는 감 찔러나 본다

자신이 먹지 못할 감을 남도 먹지 못하게 찔러 놓는다는 뜻이에요. 이처럼 자신이 갖지 못하는 것은 남도 갖지 못하게 만드는 나쁜 마음씨를 두고 하는 말이에요.

 못 먹는 감 찔러나 본다는 식으로 일본은 종종 독도가 일본 땅이라고 망언을 한다.

 못 먹는 감 찔러나 본다고 안 먹을 거면서 다 헤집어 놓으면 어떡해!

무소식이 희소식

아무런 소식이 없는 것이 잘 지내고 있다는 소식과 같다는 말이에요. 즉, 소식이 없다면 무사히 잘 있는 것이니 기쁜 소식과 같다는 뜻이에요.

> **단어 뜻**

희소식 : 기쁜 소식을 말해요.

 내가 연락을 자주 못하더라도 '**무소식이 희소식**'이라고 생각하고 기다려 주세요.

 무소식이 희소식이라고 했으니 별일 없을 거예요.

무쇠도 갈면 바늘 된다

무디고 단단한 무쇠도 잘 다듬어 갈면
바늘이 될 수 있어요. 이처럼 꾸준히 노력하면
어떤 어려운 일도 이룰 수 있다는 뜻이에요.

단어 뜻

무쇠 : 단단한 쇠로, 솥이나 화로 등을 만들 때 쓰여요.

 매일 한자를 한 글자씩 외웠더니 **무쇠도 갈면 바늘 된다**고 천자문을 다 외웠다.

 무쇠도 갈면 바늘 된다더니 공부 못하던 친구가 의사가 되었어요.

물에 빠지면 지푸라기라도 잡는다

물에 빠진 사람은 허우적대다가 도움도
되지 않을 지푸라기라도 잡는다는 말이에요.
위급한 일이 있으면 도움이 될 것 같지 않은
작은 것에도 의지하게 된다는 뜻이에요.

 물에 빠지면 지푸라기라도 잡는다고 친하지는 않지만 은경이한테도 한번 부탁해 보면 어떨까?

 상황이 급한데 무슨 짓은 못할까? **물에 빠지면 지푸라기라도 잡는다잖아!**

물에 빠진 사람 건져 놓으니까 내 봇짐 내라 한다

물에 빠진 사람을 구해 주니, 물에 떠내려간 봇짐을 내놓으라고 떼를 써요. 남에게 은혜를 입고도 고마움을 모르고 오히려 트집을 잡아 원망할 때 쓰는 속담이에요.

단어 뜻

봇짐 : 등에 짊어지기 위해 물건을 보자기에 싸서 꾸린 짐을 말해요.

 물에 빠진 사람 건져 놓으니까 내 봇짐 내라 한다더니, 환자를 병원에 옮겨 주니 잃어버린 지갑을 내놓으라고 했다.

 물에 빠진 사람 건져 놓으니까 내 봇짐 내라 한다고 나한테 화를 내다니!

물이 깊어야 고기가 모인다

깊은 물에서 물고기가 자유롭게 헤엄을 칠 수 있어요. 사람도 깊은 성품을 가진 사람에게는 많은 사람이 모이고 따른다는 뜻이에요.

 물이 깊어야 고기가 모인다고 했어. 주위에 친구가 없다면 자신의 성품이 어떤지 돌아보는 것도 필요해.

 물이 깊어야 고기가 모이듯이 은수는 마음이 넓어서 친구가 많아.

미꾸라지 한 마리가 온 웅덩이를 흐려 놓는다

미꾸라지 한 마리가 웅덩이를 헤집고 돌아다니면 금방 흙탕물이 돼요. 한 사람의 좋지 못한 행동이 가정과 사회에 나쁜 영향을 끼친다는 말이에요.

비슷한 속담
미꾸라지 한 마리가 한강 물을 다 흐리게 한다

 미꾸라지 한 마리가 온 웅덩이를 흐려 놓는다더니 수업 시간에 떠드는 재민이 때문에 모두 수업에 집중할 수 없었다.

 미꾸라지 한 마리가 온 웅덩이를 흐려 놓는다고 쟤가 망쳐 놓았어.

미운 아이 떡 하나 더 준다

미운 아이에게 매 대신 떡을 준다고 해요. 미운 사람일수록 더 잘 대해 주어 미운 마음을 없애야 한다는 뜻이 담겨 있어요.

 나를 괴롭히는 막내 동생에게 **미운 아이 떡 하나 더 준다**고 사탕을 주어 달랬다.

 미운 아이 떡 하나 더 준다고 마음에 안 드는 친구지만 선물을 줬어.

믿는 도끼에 발등 찍힌다

손에 익숙한 도끼에 발등을 다친다는 말이에요.
믿었던 사람에게 배신을 당하거나, 반드시 이뤄질 거라
믿었던 일이 어긋날 때 쓰는 속담이에요.

단어 뜻

도끼 : 나무를 찍거나 쪼갤 때 쓰는 도구예요.

 믿는 도끼에 발등 찍힌다고 가장 친한 친구가 내 뒷담화를 하다니!

 믿었던 사람인데 날 속이다니 믿는 도끼에 발등 찍혔어.

밑 빠진 독에 물 붓기

밑에 구멍이 생긴 독에 아무리 물을 부어 봐야
새어 나가 채워지지 않아요. 아무리 힘들여 일해도
보람 없이 헛수고가 되었을 때 하는 말이에요.

단어 뜻

독 : 간장이나 김치 등을 담가 두는 큰 항아리를 말해요.

 학원에 다녀도 시험 점수가 오르지 않으니 밑 빠진 독에 물 붓기지!

 용돈을 주면 스티커 사는 데만 쓰니 저축을 할 수가 없지. 밑 빠진 독에 물 붓기야.

바늘 가는 데 실 간다

바늘은 실이 있어야 바느질을 할 수 있듯이, 이들 둘은 같이 있어야 제 역할을 해요. 이처럼 서로 관계가 가까운 것끼리는 항상 같이 다닌다는 뜻으로 쓰여요. 바늘과 실처럼 가까운 친구가 있다면 서로 의지가 되어 외롭지 않지요.

"바늘 가는 데 실 간다고 둘은 어디든 꼭 붙어 다녀요."

바늘구멍으로 황소바람 들어온다

추운 날에는 바늘구멍 같은 작은 구멍에서도
센 바람이 들어와요. 작은 것도 상황에 따라서는
소홀히 하면 안 된다는 말이에요.

> **단어 뜻**

황소바람 : 좁은 틈으로 세차게 불어 들어오는 바람을 말해요.

 바늘구멍으로 황소바람 들어온다더니 문틈으로 들어오는 바람이 차갑다.

 바늘구멍으로 황소바람 들어온다더니 이번 일이 이렇게
크게 커질지 몰랐어.

바늘 도둑이 소도둑 된다

바늘 하나 훔치던 사람이 나중에는 소처럼 큰 것도
훔치게 돼요. 나쁜 버릇은 작은 것이라도 계속하면
더 나아가 큰 잘못을 저지르게 된다는 뜻이에요.

> **비슷한 속담**

바늘 쌈지에서 도둑이 난다

 바늘 도둑이 소도둑 된다고 나쁜 버릇은 빨리 고쳐야 해.

 바늘 도둑이 소도둑 된다더니 훔치던 버릇을 못 고쳐 경찰서에 갔대.

바늘로 찔러도 피 한 방울 안 난다

사람의 생김새가 단단하고 야무져 보이고 빈틈이 없다는 뜻이에요. 구두쇠나 성격이 인색하고 융통성 없는 사람을 비유적으로 이르는 말로도 쓰여요.

비슷한 속담
찔러도 피 한 방울 안 난다

 너는 정말 냉정하구나. **바늘로 찔러도 피 한 방울 안 나겠어!**

 그는 **바늘로 찔러도 피 한 방울 안 나는** 인색한 사람이다.

바늘 방석에 앉은 것 같다

바늘로 만든 방석에 앉으면 무척 불편할 거예요. 어떤 자리에 있기가 몹시 마음에 불편하고 불안하다는 것을 비유적으로 이르는 말이에요.

 성적표가 언제 나오느냐는 아빠의 말씀에 **바늘 방석에 앉은 것처럼** 안절부절못했다.

 무서운 선생님과 함께 있는 내내 명수는 **바늘 방석에 앉은 것 같았다.**

바다는 메워도 사람의 욕심은 못 채운다

깊은 바다는 흙으로 메울 수 있지만 보이지 않는
사람의 욕심은 무엇으로도 메울 수 없어요.
욕심은 끝이 없음을 이르는 말이에요.

 바다는 메워도 사람의 욕심은 못 채운다고 휴대폰을 선물 받았는데 얼마 지나지 않아 새로 나온 휴대폰을 갖고 싶어졌다.

 바다는 메워도 사람의 욕심은 못 채운다고 그는 남의 것을 계속 탐낸다.

발 없는 말이 천 리 간다

말은 발이 없어도 순식간에 천 리까지 퍼져요.
항상 말조심을 해야 한다는 뜻이에요.

단어 뜻

리 : 거리를 나타낼 때 쓰는 단위로, '천 리'는 약 400km의 먼 거리를 뜻해요.

 발 없는 말이 천 리 간다고 이 사실이 알려지는 건 순식간이야.

 발 없는 말이 천 리 간다더니 내가 한두 명한테 말한 비밀이 벌써 우리 학교에 다 퍼진 것 같아.

방귀 뀐 놈이 성낸다

방귀를 뀌고 안 뀐 척하며 오히려 다른 사람한테
떠넘겨 화를 내요. 자신이 잘못을 하고서 남에게
뻔뻔하게 화를 내는 것을 비꼬는 말이에요.

 방귀 뀐 놈이 성낸다고 네가 잘못하고서 왜 나에게 화를 내니?

 친구가 늦어 버스를 놓쳤는데 **방귀 뀐 놈이 성낸다**고 오히려 나한테 화를 냈어.

배보다 배꼽이 더 크다

배꼽은 배의 한가운데 작게 있는 부위인데
배보다 더 큰 배꼽은 없지요. 기본이 되는 주된 것보다
부수적인 것이 더 많거나 큰 것을 비유하는 말이에요.
즉, 당연히 작아야 할 것이 크고, 적어야 할 것이
많을 때 쓰는 속담이에요.

 선물은 2,000원 주고 샀는데, 포장비가 3,000원이라고?
배보다 배꼽이 더 크군.

 우유 배달시키면 자전거가 공짜래. **배보다 배꼽이 더 큰 거** 아냐?

백 번 듣는 것이 한 번 보는 것만 못하다

백 번을 듣는 것보다 한 번을 직접 보는 것이
도움이 돼요. 무엇이든 듣기만 하는 것보다
실제로 보는 것이 확실하다는 뜻이에요.

비슷한 속담

백문이 불여일견

책으로 여러 번 보는 것보다 박물관에 한 번 가 보는 것이
훨씬 도움이 돼. **백 번 듣는 것이 한 번 보는 것만 못하다잖아.**

백 번 듣는 것이 한 번 보는 것만 못하다고 직접 확인하는 게 좋겠어.

백지장도 맞들면 낫다

한 장의 종이라도 양쪽에서 함께 들면 더 가볍지요.
쉬운 일도 혼자 하는 것보다 함께하면
더 쉽게 할 수 있다는 말이에요.

단어 뜻

백지장 : 하얀 종이 한 장을 말해요.

백지장도 맞들면 낫다고 혼자서 하루 종일 할 일을 여럿이 금방 끝냈어.

엄마, 시장바구니 같이 들어요. **백지장도 맞들면 낫다**고 하잖아요!

뱁새가 황새를 따라가면 다리가 찢어진다

뱁새는 황새보다 다리도 짧고 몸집도 작아요. 그러니 다리가 길어서 성큼성큼 걷는 황새를 따라 걸으면 다리가 찢어질 수밖에 없지요. 자신의 형편을 생각하지 않고 무조건 남만 따라 하면 도리어 손해를 본다는 뜻이에요.

"뱁새가 황새를 따라가면 다리가 찢어지는 법이에요."

번갯불에 콩 볶아 먹겠다

금방 번쩍였다가 사라지는 번갯불에 콩을 볶아 먹기는 어려워요. 그만큼 성격이 급해서 무엇이든 당장 처리하려는 것을 두고 하는 말이에요.

> **단어 뜻**

번갯불 : 번개가 칠 때 번쩍이는 빛을 말해요.

 번갯불에 콩 볶아 먹듯 벌써 다 한 거야?

 번갯불에 콩 볶아 먹듯 하면 실수할 수 있으니 천천히 하는 게 좋아.

범 무서워 산에 못 가랴

범이 아무리 무서워도 산에는 간다는 말이에요. 어떤 일을 하는 데 방해되거나 어려움이 있어도 할 일은 꼭 해야 한다는 뜻이에요.

> **단어 뜻**

범 : 호랑이를 뜻해요.

 비행기 타기 싫다고 여행을 안 갈 수는 없지. **범 무서워 산에 못 갈까**.

 범 무서워 산에 못 갈까. 싫어하는 친구가 같은 모둠이라고 숙제를 안 할 수는 없어.

벼룩의 간을 내먹는다

벼룩은 아주 작아서 간을 내어 먹는 건 어려운 일이에요.
이에 빗대어 어려운 사람에게서 돈을 뜯어내거나
하는 짓이 인색한 사람을 이르는 말이에요.

 단 하나 남은 것마저 빼앗다니 **벼룩의 간을 내먹는군**!

 구두쇠 할아버지의 횡포에 동네 사람들은 **벼룩의 간을 내먹는다**고 손가락질을 했다.

벼 이삭은 익을수록 고개를 숙인다

벼 이삭은 처음에는 꼿꼿하게 서 있다가
익을수록 고개를 숙여요. 훌륭한 사람일수록
잘난 체하지 않고 겸손하다는 뜻이에요.

비슷한 속담
벼는 익을수록 고개를 숙인다

 벼 이삭은 익을수록 고개를 숙인다고 그는 공부를 잘해도 절대 으스대지 않아.

 벼 이삭은 익을수록 고개를 숙인다는 말이 생각나게 하는 사람이야.

병 주고 약 준다

병이 나게 하고서 약을 주어 치료해 주는 척한다는 말로, 어떤 일을 방해하고 나서 도와주는 척하는 사람이 있어요. 이처럼 교활하고 음흉한 사람을 가리킬 때 쓰여요.

비슷한 속담
등 치고 배 만진다

 병 주고 약 주는 건지 이제 와서 잘못했다고 한다.

 병 주고 약 주는 격으로 선생님께 고자질하고 나서 나에게 미안하다고 한다.

보고 못 먹는 것은 그림의 떡

그림에 먹음직스럽게 떡을 그려 놓았지만 실제로 먹을 수는 없어요. 이처럼 아무리 갖고 싶어도 가질 수 없을 때 쓰이며, 아무 실속이 없다는 뜻이에요.

 저 가방 갖고 싶은데 너무 비싸서 **그림의 떡이야.**

 운동화를 선물 받았는데 너무 작아서 신을 수가 없어. **그림의 떡이로군.**

보기 좋은 떡이 먹기도 좋다

맛있어 보이는 떡이 실제 맛도 좋다는 말로,
겉모양도 잘 꾸며야 한다는 뜻이에요.

 보기 좋은 떡이 먹기도 좋다고 이왕이면 깨끗한 음식점을 찾게 돼.

 보기 좋은 떡이 먹기도 좋은 것처럼 간식을 먹을 때에도 예쁜 그릇에 담아 먹어요.

부뚜막의 소금도 집어넣어야 짜다

부뚜막에 소금이 있어도 음식에 넣지 않으면
짠맛을 낼 수 없어요. 아무리 쉬운 일이라도
실천하지 않으면 소용없다는 말이에요.

단어 뜻

부뚜막 : 옛날 부엌에서 솥을 걸기 위해 평평하게 만든 곳을 말해요.

 부뚜막의 소금도 집어넣어야 짜다고 했어. 한 번도 사용하지 않는데 좋은 미술 재료가 많으면 뭐 해?

 부뚜막의 소금도 집어넣어야 짜다는데 사 놓기만 하고 쓰지 않는다.

부모 말을 들으면 자다가도 떡이 생긴다

부모님은 우리보다 지식이 많고 자녀를 잘 알고 있어요.
그래서 부모님의 말씀을 잘 듣고 따르면 실수가 적고,
좋은 일이 생긴다는 뜻이에요.

비슷한 속담
어른 말을 들으면 자다가도 떡이 생긴다

 부모 말을 들으면 자다가도 떡이 생긴다고 엄마 말씀 듣고
우산을 챙겨 왔더니 소나기를 맞지 않았어.

 부모 말을 들으면 자다가도 떡이 생긴다지만 이번엔 내 맘대로 할래.

불난 집에 부채질한다

불이 난 집에 부채질하여 바람을 일으키면
더 잘 타겠지요. 어려움에 처해 있는 사람을
더 어렵게 하고, 화가 나 있는 사람의
화를 더 돋운다는 뜻이에요.

 지갑을 잃어버려 속상한데 불난 집에 부채질하듯
친구가 빌려 준 돈을 당장 갚으래.

 엄마한테 혼나고 있는데 형이 놀리며 불난 집에 부채질했어요.

비 온 뒤에 땅이 굳어진다

비가 와서 질퍽거리던 땅도 햇빛에 마르면서 단단하게 굳어져요.
어떤 어려움을 겪은 뒤에는 단련이 되어 전보다 더 강해지고,
함께 어려움을 겪은 사람은 더욱 친해진다는 뜻이에요.
오늘의 노력과 힘듦은 나를 더욱 단단하게 만든다는 것을 기억하세요.

"**비 온 뒤에 땅이 굳어진다**더니 오랜 연습 끝에 결국 해냈어요."

빈대 잡으려고 초가삼간 태운다

작은 빈대를 잡으려고 집을 태운다는 말이에요.
큰 손해를 볼 것은 생각하지 않고 제 마음에
들지 않는 것만 없애려고 덤비는 것을 뜻해요.

단어 뜻

초가삼간 : 세 칸밖에 안 되는 초가라는 뜻으로, 작은 집을 일컫는 말이에요.

 빈대 잡으려고 초가삼간 태운다더니 악성 댓글을 막으려고 홈페이지를 아예 폐쇄해 버렸다.

 빈대 잡으려고 초가삼간 다 태운다고 일을 더 키워 버렸어.

빈 수레가 요란하다

수레에 짐을 많이 실으면 짐의 무게 때문에 수레가 조용히
굴러가지만 빈 수레는 덜컹거리며 요란하게 굴러가지요.
이를 비유하여 아는 것도 없는데 겉으로 잘난 체하며
떠들어 대는 것을 이르는 말이에요.

 빈 수레가 요란하다고 쓸데없이 상품 설명을 장황하게 하는 상인에게는 물건을 사지 않는 게 좋아.

 빈 수레가 요란하다고 저 친구는 말만 많아.

빛 좋은 개살구

빛깔이 좋아서 먹음직스러운 개살구는 먹어 보면
맛은 없어요. 이처럼 겉은 그럴듯하지만 속은
형편없거나 일이 실속 없음을 이르는 말이에요.

 빛 좋은 개살구라고 번지르르한 겉모습만 보고서 판단해선 안 돼요.

 좋은 정책을 많이 만들었다고 하지만 **빛 좋은 개살구**라고
정작 시민들에게 실제 도움이 되는 정책은 별로 없었다.

뿌린 대로 거둔다

들판에 좋은 씨앗을 뿌리면 좋은 품질의 곡식을
얻을 수 있어요. 이처럼 모든 일은 노력과 정성을
들인 만큼 그에 걸맞은 결과를 얻게 된다는 뜻이에요.

> 비슷한 속담

콩 심은 데 콩 나고, 팥 심은 데 팥 난다

 뿌린 대로 거둔다는 말처럼 먼저 남에게 베풀어야 해.

 뿌린 대로 거둔다고 꾸준히 영어를 공부한 민재는
영어 말하기 대회에서 대상을 차지했어요.

사공이 많으면 배가 산으로 간다

노를 젓는 사공이 많아서 각자 방향으로 배를
이끌면 배가 자칫 엉뚱한 쪽으로 갈 수 있어요.
이처럼 자기주장만 내세우는 사람이 많으면
일을 이루기 어렵다는 뜻이에요.

 사공이 많으면 배가 산으로 간다고 말들이 많아서 회의 진행이 어려워.

 사공이 많으면 배가 산으로 간다고 했으니 대표를 뽑아서
계획을 세우는 게 좋겠어!

사냥 가는 데 총 놓고 간다

사냥을 하러 가는 데 총을 놓고 가면 사냥을
할 수 없겠지요. 무슨 일을 하러 가면서
꼭 필요한 물건을 빠뜨리고 가는 것을 뜻해요.

비슷한 속담

사냥 가는 데 총을 안 가지고 가는 것과 같다

 학교에 가면서 책가방을 놓고 가다니, **사냥 가는 데
총 놓고 가는** 셈이군.

 사냥 가는 데 총 놓고 간다고 발표 자료가 담긴 USB를 놓고 왔어.

사돈 남 나무란다

'사돈'은 남녀가 혼인하여 맺어진 친척 관계의 사람들이 상대방을 일컫는 호칭이에요.
자기의 허물은 보지 못하고 남의 잘못만 지적하고 참견한다는 뜻을 가지고 있어요.

비슷한 속담
사돈 남 말한다

사돈 남 나무란다고 자기 집 앞의 쓰레기는 못 보고 남의 집 앞에 쌓인 눈을 치우라고 한다.

자기도 못하면서 내 춤 실력을 흉보다니 **사돈 남 나무라는군!**

사람은 얼굴보다 마음이 고와야 한다

말 그대로 사람은 얼굴이 잘생기고 예쁜 것보다 마음씨가 훌륭한 것이 더 중요하다는 뜻이에요.

저런 예쁜 얼굴로 친구들 험담만 하고 다니는 걸 보니, 역시 **사람은 얼굴보다 마음이 고와야 한다니까!**

배우자를 만날 때는 **사람은 얼굴보다 마음이 고와야 한다**는 걸 기억해.

사촌이 땅을 사면 배가 아프다

가까운 친척인 사촌이 땅을 사서 잘됐는데
배가 아플 정도로 질투가 난다는 말이에요.
남이 잘되는 것을 시기하고 질투하는 것을 뜻해요.

 사촌이 땅을 사면 배가 아프다더니 옆집 민수가 전교 1등을 했는데 진심으로 축하해 주지 못했어.

 사촌이 땅을 사면 배가 아프다고 시험에 합격한 친구에게 질투가 났어.

서당 개 삼 년에 풍월을 읊는다

서당에 사는 개도 삼 년 동안 글 읽는 소리를 들으면
그 소리를 따라 한다는 말이에요. 아는 게 없는 사람이라도
오랫동안 보고 들으면 그 일을 할 줄 알게 된다는 뜻이에요.

단어 뜻

풍월 : 우연히 들어서 알게 된 짧은 지식을 말해요.

 서당 개 삼 년에 풍월을 읊는다고 언니를 따라 하다 보니 구구단을 모두 외웠다.

 서당 개 삼 년에 풍월을 읊는다더니 어깨너머로 배운 솜씨가 좋아.

세 살 적 버릇 여든까지 간다

버릇은 오랫동안 반복해서 몸에 익어 버린 행동을 뜻해요.
세 살 때 가진 버릇은 여든 살이 되어서도 고쳐지지 않는다는 말로,
어릴 때부터 나쁜 버릇이 생기지 않도록 조심하라는 뜻이에요.
욕이나 거짓말을 하는 등 사소한 버릇도 몸에 배지 않도록 조심하세요.

"세 살 적 버릇 여든까지 간다고 나쁜 버릇은 빨리 고쳐야 해요."

소문난 잔치에 먹을 것 없다

떠들썩하게 소문난 잔칫집에 갔는데 먹을 만한 음식이 없어요. 소문과 다르게 실속 없거나 소문과 실제가 다른 것을 비유하는 말이에요.

비슷한 속담
이름난 잔치 배고프다

 소문난 잔치에 먹을 것 없다더니 할인 행사로 사람들이 북적이는 상점에서 물건을 비싸게 팔고 있었다.

 소문난 잔치에 먹을 것 없다고 맛집이라고 찾아왔는데 별로였어.

소 잃고 외양간 고친다

소를 잃어버리고 나서 외양간을 고쳐 봐야 소용없지요. 미리 해야 할 중요한 일을 소홀히 하다가 잘못되었을 때 쓰는 말이에요.

 비가 와서 이미 옷이 홀딱 젖었는데 우산을 사다니 **소 잃고 외양간 고치는** 격이야.

 소 잃고 외양간 고치듯 병에 걸린 후부터 열심히 운동을 하고 있다.

쇠귀에 경 읽기

소의 귀에 경전을 읽어 줘도 알아듣지 못하지요.
아무리 알려 주어도 이해하지 못하고 알아듣지
못할 때 쓰는 말이에요.

> **단어 뜻**

경 : 경전을 뜻하며, 옛 가르침이 담긴 책이에요.

 만드는 순서를 몇 번 알려 줘도 아직도 모르니 **쇠귀에 경 읽기야**.

 내가 아무리 말해도 항상 듣는 둥 마는 둥이니 **쇠귀에 경 읽기군**.

쇠뿔도 단김에 빼랬다

소의 뿔을 빼려면 달구어 놓은 김에 빨리 빼야 한다는
말에서 유래했어요. 무슨 일이든 하려고 계획했으면
망설이지 말고 시작해야 한다는 뜻이에요.

> **단어 뜻**

단김 : 달아올라 뜨거운 김을 가리키는 말이에요.

 쇠뿔도 단김에 빼랬다고 말 나온 김에 같이 놀러 갈 날짜와 시간을 정해 보자.

 쇠뿔도 단김에 빼랬다고 망설이기만 하면 영영 못 하게 될 수 있어.

수박 겉 핥기

수박을 먹겠다고 하면서 딱딱한 겉만 핥고
있다면 수박의 맛을 제대로 알 수 없지요.
이처럼 속 내용은 모르고 일을 건성으로
하는 모습을 이르는 속담이에요.

 그렇게 **수박 겉 핥기** 식으로 하다간 처음부터 다시 해야 할 거야.

 지도를 **수박 겉 핥기** 식으로 보면 그곳을 찾지 못해.

숭어가 뛰니까 망둥이도 뛴다

몸집이 작은 망둥이가 저보다 훨씬 큰 숭어를 따라 해요.
자신의 처지를 생각하지 않고 무조건 자신보다
나은 사람을 따라 한다는 뜻이에요.

비슷한 속담

망둥이가 뛰면 꼴뚜기도 뛴다

 엄마는 오빠를 따라서 떼쓰는 동생에게 **"숭어가 뛰니까 망둥이도 뛰는구나."** 라고 말씀하셨다.

 숭어가 뛰니까 망둥이도 뛴다고 남이 한다고 무작정 따라 하면 안 돼.

숯이 검정 나무란다

검은 숯이 검은색에게 검다고 흉을 본다는 말이에요.
즉, 자신의 허물은 생각하지 않고 남의 허물을
탓한다는 뜻이에요.

비슷한 속담
가랑잎이 솔잎더러 바스락거린다고 한다

 숯이 검정 나무란다고 숙제도 하지 않은 친구가 내가 한 숙제가 틀렸다며 핀잔을 줬다.

 뚱뚱한 네가 내 키가 작다고 놀리다니 **숯이 검정 나무라는** 격이군.

시작이 반이다

어떤 일을 시작하면 이미 절반은 마친 것과
같다고 해요. 무슨 일이든지 시작하기가 어렵지
한번 시작하고 나면 일을 마치기는 생각보다
어렵지 않다는 뜻이에요.

 시작이 반이라고 하니 어려워 보이는 과제이지만 한번 시작해 보자!

 시작이 반이라고 벼르기만 했던 운동을 막상 시작해서 하루하루 해 나가니 꾸준히 하게 되었다.

싼 것이 비지떡

두부를 만들고 남은 찌꺼기로 만든 비지떡은
값은 싸지만 그만큼 맛이 덜해요. 값이 싼 물건은
그만큼 품질도 나빠서 금방 쓸 수 없게 된다는 뜻이에요.

단어 뜻

비지떡 : 두부를 만들고 난 비지에 밀가루를 넣어 만든 떡으로,
보잘것없는 것을 비유해요.

 싼 것이 비지떡이라더니 싼값에 산 옷이 세탁하고 나니 색이 바랬어.

 싼 것이 비지떡이라고 싸게 사 온 사과가 너무 맛이 없었다.

아는 길도 물어 가랬다

아는 길도 다시 한번 물어 확인하고 가면 확실하지요.
쉬운 일이나 잘 아는 일도 신중하게 생각하여
실패가 없게 해야 한다는 뜻이에요.

비슷한 속담

돌다리도 두들겨 보고 건너라

 아는 길도 물어 가랬으니 다 아는 문제라도 꼼꼼히 풀어야 한다.

 아는 길도 물어 가랬어. 다시 한번 지도를 확인하고 출발하자!

아니 땐 굴뚝에 연기 날까

아궁이는 옛날에 방을 따뜻하게 하기 위해 불을 피우던 구멍이에요.
아궁이에 불을 때면 연기가 굴뚝을 통해 빠져나가도록 만들었어요.
굴뚝에서 연기가 나면 아궁이에 불을 지폈기 때문이지요.
무슨 일이든 그만한 원인이 있다는 뜻으로 쓰는 속담이에요.

"아니 땐 굴뚝에 연기가 나지 않듯이 결과에는 원인이 있어요."

아닌 밤중에 홍두깨

어두운 밤에 홍두깨를 내민다는 말이에요.
예상하지 못한 뜻밖의 일을 당하거나 엉뚱한 말이나
행동을 했을 때 쓰는 속담이에요.

단어 뜻

홍두깨 : 나무를 둥글고 길쭉하게 깎아 옷감을 다듬이질하는 데
사용하는 도구를 말해요.

 옆집에 불이 났다고? 이게 무슨 **아닌 밤중에 홍두깨야!**

 아닌 밤중에 홍두깨도 아니고 갑자기 밖으로 나와 보라니 무슨 일이야?

아이 보는 데는 찬물도 못 먹는다

아이들은 보는 것을 그대로 따라 하기 때문에
아이들 앞에서는 말이나 행동을 함부로 해서는
안 된다는 뜻이에요. 또 남이 하는 말이나 행동을
그대로 따라 하는 것을 비꼬는 말로도 쓰여요.

 후배들 앞에서는 항상 행동을 바르게 해야 해. **아이 보는 데는 찬물도 못 먹는다잖아.**

 아이 보는 데는 찬물도 못 먹는다더니, 동생이 내 말을 따라 해요.

앓던 이 빠진 것 같다

이가 아파서 앓고 있었는데 드디어 그 이가 빠지면 시원할 거예요. 걱정하던 일이 해결되거나 없어져서 마음이 후련하다는 뜻이에요.

 나를 괴롭히던 친구가 전학 간다는 소문을 듣자마자 **앓던 이 빠진 것처럼** 시원했다.

 며칠 동안 풀리지 않았던 문제가 풀리니 **앓던 이 빠진 것 같아**.

약방에 감초

한약방에는 감초를 넣는 일이 많아서 항상 감초가 있다는 데서 유래했어요. 어떤 모임이든 꼭 참석하는 사람, 어떤 일이든 끼어드는 사람, 꼭 있어야 할 물건에 비유해요.

단어 뜻

감초 : 감초는 여러해살이풀로 뿌리가 달아서 쓴 한약을 만들 때 자주 이용해요.

 성재는 **약방에 감초**처럼 동아리의 모든 일에 참여하고 있어.

 그는 양쪽을 오가면서 **약방의 감초** 역할을 하고 있다.

얌전한 고양이 부뚜막에 먼저 올라간다

항상 얌전하던 고양이가 부엌에 솥을 걸기 위해 만든
부뚜막에 제일 먼저 올라간다는 말이에요.
겉으로는 아무것도 못할 것처럼 보이는 사람이
자기 이익을 챙길 때 쓰는 속담이에요.

얌전한 고양이 부뚜막에 먼저 올라간다더니 얌전하던 친구가
장기 자랑에서 1등 했어.

얌전한 고양이 부뚜막에 먼저 올라간다고 희수는 남자 친구가 있대.

어물전 망신은 꼴뚜기가 시킨다

꼴뚜기는 생선 중에서도 크기가 작아서 먹을 게 별로 없고
모습이 볼품없어 나온 말이에요. 어리석은 한 사람이
주변 사람들에게도 피해를 끼친다는 뜻이에요.

단어 뜻

어물전 : 시장에서 생선을 파는 가게예요.

어물전 망신은 꼴뚜기가 시킨다고 우리 반 남자애들이
미술관에서 떠들어서 창피했어.

어물전 망신은 꼴뚜기가 시킨다고 공공장소에서 예의 없는 사람이 있다.

언 발에 오줌 누기

언 발에 오줌을 누면 처음에는 따뜻하지만,
나중에는 그 오줌까지 꽁꽁 얼게 돼요.
갑자기 터진 일을 간단한 방법으로 피하려고
한 것이 오히려 더 나쁘게 되었을 때 쓰는 말이에요.

 급하다고 친구 숙제를 그대로 베끼면 어떡해?
언 발에 오줌 누기로군.

 근본적인 해결을 하지 못하는 임시 대책은 결국 **언 발에 오줌 누기야!**

엎드려 절 받기

상대방은 절을 할 마음이 없는데 자기가 시켜서
절을 받는다는 말로, 억지로 요구해서 대접을
받는다는 뜻이에요.

 엎드려 절 받는다고 내 생일을 모르던 친구들에게 생일을 알려서
선물을 많이 받았다.

 엎드려 절 받기 식으로 석진이한테 사과를 받았어.

엎어지면 코 닿을 데

넘어지면 코가 닿을 정도의 거리라는 뜻으로,
매우 가까운 거리를 비유하는 말이에요.

> **비슷한 속담**

넘어지면 코 닿을 데

 엎어지면 코 닿을 데 살면서 자주 만나지 못하니 서운해요.

 시현이네와 우리 집은 **엎어지면 코 닿을** 만큼 가깝다.

엎어진 김에 쉬어 간다

어차피 넘어졌으니 이때 쉬어서 가자는 말이에요.
생각지 않았던 기회를 만난 김에 자신이
하고 싶었던 일을 이룬다는 뜻이에요.

> **비슷한 속담**

넘어진 김에 쉬어 간다

 엎어진 김에 쉬어 간다고 이번 시합에서 탈락한 김에
미뤘던 치료를 받고 훈련을 시작하기로 했어.

 엎어진 김에 쉬어 간다고 항공이 결항돼서 하루 더 놀기로 했어.

열 길 물속은 알아도 한 길 사람 속은 모른다

'길'은 길이의 단위로, '한 길'은 사람 키 정도의 길이예요. '열 길'은 사람 키의 열 배라는 뜻이지요. 열 길이나 되는 물속 깊이는 잴 수 있지만 사람 마음은 한 길밖에 안 되어도 알 수 없다고 해요. 사람의 속마음은 헤아리기 어렵다는 뜻이에요.

"열 길 물속은 알아도 한 길 사람 속은 모른다더니 둘이 헤어졌대요."

열 번 찍어 안 넘어가는 나무 없다

아무리 튼튼하고 큰 나무라 해도 도끼질을 여러 번 하면
쓰러지지요. 고집 센 사람도 여러 차례 달래고
권하면 마음을 바꾸고, 어려운 일도 포기하지 않고
꾸준히 노력하면 이룰 수 있다는 뜻으로 쓰여요.

열 번 찍어 안 넘어가는 나무 없다고 열심히 하면
좋은 결과가 있을 거야.

열 번 찍어 안 넘어가는 나무 없다고 여덟 번 만에 자격증을 땄다.

열 손가락 깨물어 안 아픈 손가락 없다

열 개의 손가락을 하나하나 깨물면 안 아픈 손가락이
없어요. 그렇듯이 부모는 자식이 아무리 많아도
모두 다 귀하고 소중하다는 뜻이에요.

엄마는 **열 손가락 깨물어 안 아픈 손가락 없다**고 말씀하셨다.

열 손가락 깨물어 안 아픈 손가락 없다는데
아빠는 유독 나한테만 잔소리가 심한 것 같아요.

오르지 못할 나무는 쳐다보지도 마라

너무 높아서 도저히 올라가지 못할 나무는 쳐다보며 욕심을 내지 말라는 말이에요. 자신의 능력과 형편에 맞지 않은 일은 시작도 하지 말라는 뜻이에요. 즉, 지나친 욕심은 삼가라는 뜻으로 쓰여요.

오르지 못할 나무는 쳐다보지도 말라고 했어.
우리 형편에 해외여행은 아직 사치야.

오르지 못할 나무만 쳐다보니 힘들지. 쉬운 것부터 시작해 봐.

우물 안 개구리

우물 안에 있는 개구리는 우물 안이 세상의 전부라고 생각해요. 보고 들은 경험이 적어서 세상 형편을 잘 모르는 사람에게 쓰는 속담이에요.

비슷한 속담
장님 코끼리 만지는 격

우물 안 개구리처럼 자기 생각만 고집하지 말고 여러 사람 의견을 들어봐야 해.

책을 많이 읽어야 **우물 안 개구리**가 되지 않아.

우물에 가 숭늉 찾는다

옛날에는 우물에서 물을 떠서 밥을 짓고 숭늉을 만들었어요.
그런데 밥은 짓지 않고 우물에서 곧장 숭늉을 찾아요.
모든 일에는 순서와 차례가 있는데 이를 무시하고
급하게 서두른다는 뜻이에요.

 음식을 주문한 지 5분도 안 돼서 독촉 전화를 하다니
우물에 가 숭늉 찾는 격이야.

 우물에 가 숭늉 찾는다고 성질이 그렇게 급해서 어떡하니?

우물을 파도 한 우물을 파라

우물을 조금 파다가 물이 나오지 않는다고
이곳저곳 다시 파면 결국 물을 얻을 수 없어요.
무슨 일이든 금방 포기하지 말고 한 가지 일을
계속하면 성공할 수 있다는 뜻이에요.

 우물을 파도 한 우물을 파야 해. 이것저것 하며 싫증만 내면
아무것도 잘할 수 없어.

 전문가가 되려면 **우물을 파도 한 우물을 파야** 최고가 될 수 있대요.

울며 겨자 먹기

겨자가 매운데 울면서도 먹고 있어요. 하기 싫은 일을
억지로 하거나, 마음에 없는 일을 주변 상황에 의해
어쩔 수 없이 하게 된 것을 비유하는 말이에요.

 현주는 **울며 겨자 먹기**로 반 대항 달리기 선수로 출전했어요.

 민석이는 **울며 겨자 먹기**로 자신이 딴 스티커를 모두 돌려주었다.

웃는 낯에 침 못 뱉는다

상대방을 좋은 얼굴로 대하는 사람에게는
함부로 대하기 어렵다는 뜻이에요.
상대방이 아무리 미워도 웃는 얼굴로 겸손하게
말을 건네면 나쁘게 대할 수 없는 게 당연하지요.

비슷한 속담
절하고 뺨 맞는 일 없다

 웃는 낯에 침 못 뱉는다고 대하기 어려운 사람이라도
먼저 웃는 얼굴로 말을 건네 보는 건 어떨까?

 웃는 낯에 침 못 뱉는다고 웃는 얼굴로 부탁하면 거절하기 힘들다.

원님 덕에 나팔 분다

원님의 행차가 있는 자리에 아무 관계없던 사람이
길목에 서 있다가 나팔을 불게 되는 영광을 입었어요.
즉, 남의 덕으로 분에 넘치는 대접 받는 것을 뜻해요.

단어 뜻
원님 : 옛날에 각 고을을 맡아 다스리던 지방 관리를 말해요.

 원님 덕에 나팔 분다고 친구 따라 박람회에 갔다가 선물도 받았다.

 원님 덕에 나팔 분다더니 대회에 출전한 친구 덕분에
경기를 관람할 수 있게 되었어.

원수는 외나무다리에서 만난다

한 개의 통나무로 놓은 폭이 좁은 외나무다리에서
싫어하는 사람을 만나 어쩌지 못하는 상황에 처했어요.
피할 곳이 없는 곳에서 꺼리고 싫어하는 사람을
만나게 되어 곤란한 경우를 말해요.

 원수는 외나무다리에서 만난다고 거기에서 만날 줄 누가 알았겠어.

 원수는 외나무다리에서 만난다더니 우리를 혼냈던 그분이
올해 담임 선생님이래.

원숭이도 나무에서 떨어진다

나무를 잘 타는 원숭이도 나무에서 떨어질 때가 있듯이 아무리 익숙하고 잘하는 사람도 때로는 실수를 할 때가 있다는 뜻이에요. 항상 잘하던 일도 실수를 할 때가 있으니 겸손하게 노력해야 해요. 그리고 가끔 실수해도 너무 속상해하지 마세요.

"원숭이도 나무에서 떨어진다더니 선생님이 수학 문제를 틀렸어요."

윗물이 맑아야 아랫물이 맑다

물은 위에서 아래로 흐르기 때문에 위쪽 물이 흐리면 아래쪽 물도 흐려지기 마련이에요. 사람 또한 윗사람이 잘하면 아랫사람도 따라서 잘하게 된다는 뜻이에요.

 윗물이 맑아야 아랫물이 맑다고 우리가 잘해야 후배들도 본받아 잘하지!

 윗물이 맑아야 아랫물이 맑은 법이에요. 윗사람이 먼저 모범을 보여야 해요.

입에 쓴 약이 병에는 좋다

좋은 약도 당장은 입에 쓰고 먹기가 괴로워요. 이렇듯 자기에게 이로운 충고도 지금은 듣기 싫지만 결과는 이롭다는 뜻이에요.

비슷한 속담

입에 쓴 약이 병을 고친다

 입에 쓴 약이 병에는 좋다고 하니 나무라는 선생님의 말씀을 마음 깊이 새겨들었어요.

 입에 쓴 약이 병에는 좋다고 듣기 싫은 충고라도 흘려들어선 안 돼.

입이 열 개라도 할 말이 없다

큰 잘못을 하여 입이 열 개라도 변명할 말이 없다는 뜻이에요. 잘못이 분명하게 드러나 변명도 할 수 없을 때 쓰는 속담이에요.

비슷한 속담
입이 광주리만 해도 말 못 한다

 거짓말을 한 것이 모두 들통나 **입이 열 개라도 할 말이 없다.**

 다른 사람을 다치게 한 사람은 **입이 열 개라도 할 말이 없어!**

자다가 봉창 두드린다

자다가 누군가 창문을 두드리면 깜짝 놀랄 거예요. 이처럼 엉뚱하고 갑작스러운 말이나 행동을 할 때 쓰는 말이에요.

단어 뜻
봉창 : 방 안에 빛이 들어오도록 창틀 없이 낸 작은 창이에요.

 뜬금없이 그 얘기를 왜 하는 거야? **자다가 봉창 두드릴래?**

 자다가 봉창 두드린다더니 여긴 중국 음식점인데 왜 비빔밥을 시켜?

자라 보고 놀란 가슴 솥뚜껑 보고 놀란다

자라를 보고 놀란 사람이 자라와 생김새가 비슷한 솥뚜껑만 봐도 놀란다는 말이에요. 어떤 일에 한 번 놀라면 그와 비슷한 것만 봐도 놀란다는 뜻이에요.

단어 뜻
자라 : 등이 둥글고 단단한 껍질로 덮여 있어서 솥뚜껑과 닮았어요.

 자라 보고 놀란 가슴 솥뚜껑 보고 놀란다고 벌에게 쏘인 적이 있어서 윙윙 소리만 들려도 무서워!

 자라 보고 놀란 가슴 솥뚜껑 보고 놀란다더니 들킨 줄 알았잖아.

작은 고추가 더 맵다

크기가 작은 청양고추가 더 큰 오이고추보다 훨씬 매워요. 몸집이 작은 사람이 큰 사람보다 더 야무지고 실력 있다는 뜻으로 쓰여요.

 작은 고추가 더 맵다고 우리 반에서 키가 가장 작은 정수가 농구를 제일 잘한다.

 작은 고추가 더 맵다는 말도 모르니? 그 친구한테 함부로 덤비지 마.

재주는 곰이 넘고, 돈은 주인이 받는다

서커스에 가 보면 재주넘기는 곰이 하는데
돈은 주인이 받아요. 이처럼 일한 사람은 따로 있고,
일에 대한 대가는 다른 사람이 챙길 때 쓰는 속담이에요.

 내 숙제를 베낀 친구가 상을 받다니 **재주는 곰이 넘고,
돈은 주인이 받은** 격이 됐어.

 재주는 곰이 넘고, 돈은 주인이 받는다고 나 대신 친구가 상을 탔어.

젊어 고생은 사서도 한다

젊었을 때 고생을 찾아서라도 하라는 말로,
젊었을 때의 고생은 나이가 든 후에 도움이 된다는
뜻이에요. 이처럼 스스로 어려운 일을 맡아서
지혜와 경험을 쌓는 것을 말해요.

 젊어 고생은 사서도 한다고 지금의 노력이 헛되지 않을 거야.

 젊어 고생은 사서도 한다잖아. 아르바이트도 많이
해 볼수록 도움이 될 거야.

제 꾀에 제가 넘어간다

꾀를 부려서 남을 속이려다가 도리어 자신이
그 꾀에 속아 넘어갔어요. 꾀를 부리려다가
오히려 자신이 손해를 입게 되는 것을 뜻해요.

비슷한 속담
제 딴죽에 제가 넘어졌다

 제 꾀에 제가 넘어간다고 사실을 숨기려고 했던 것이 드러나서 사람들에게 신뢰까지 잃고 말았어.

 제 꾀에 제가 넘어간다고 머리를 썼다가 더 힘들게 됐어.

쥐구멍에도 볕 들 날 있다

어둡고 작은 쥐구멍에도 햇빛이 비치는 날이
있지요. 지금은 고생스러워도 언젠가는
좋은 날이 찾아온다는 뜻이에요.

비슷한 속담
음지가 양지 되고, 양지가 음지 된다

 쥐구멍에도 볕 들 날 있다고 드디어 하던 일을 성공시켰어.

 쥐구멍에도 볕 들 날 있다고 만년 후보였던 선수가 우승을 했어.

지렁이도 밟으면 꿈틀한다

지렁이는 눈, 코, 귀가 없는 약한 동물이지만 작은 지렁이도 밟으면 꿈틀거리며 반응해요. 이 속담은 힘없고 순한 사람도 업신여기고 함부로 대하면 화를 낸다는 뜻이에요. 나보다 어리거나 약해 보인다고 상대방을 얕보거나 놀리면 안 돼요.

"지렁이도 밟으면 꿈틀한다고 조용하던 친구가 버럭 화를 냈어요."

지성이면 감천

정성이 지극하면 하늘도 감동하여 도와준다고 해요.
어떤 일이든 정성을 다하면 어려운 일도 순조롭게
해결되고 좋은 결과를 얻을 수 있다는 뜻이에요.

 지성이면 감천이라고 엄마는 형을 위해 밤낮없이 기도하더니,
드디어 형이 이번 시험에 합격했대.

 지성이면 감천이라고 매일 노력하고 있으니 꿈을 이룰 수 있을 거야.

짚신도 제짝이 있다

볏짚으로 만든 보잘것없는 짚신도 왼쪽과
오른쪽 두 짝이에요. 사람도 누구에게나
어울리는 짝이 있다는 뜻이에요.

> 비슷한 속담

헌 고리도 짝이 있다

 짚신도 제짝이 있다는데 내 짝도 어딘가에 있겠지.

 아직 여자 친구가 없지만 **짚신도 제짝이 있다잖아.**
언젠가 내 앞에 나타날 거야.

찬물도 위아래가 있다

찬물을 마실 때에도 윗사람이 마신 후에
아랫사람이 마셔야 한다는 말이에요. 모든 일에는
순서가 있으니 그 차례를 따라야 한다는 뜻이에요.

 찬물도 위아래가 있듯이 부모님이 먼저 드신 다음에 먹어야 해요.

 찬물도 위아래가 있다는데 좋은 것이 있으면 매번 언니보다 동생이 먼저 차지했어요.

참새가 방앗간을 그저 지나랴

참새는 쌀알이 떨어져 있는 방앗간을 좋아해요.
사람도 누구나 좋아하는 곳이 있어서 그곳을 그냥
지나치지 못할 때, 욕심 많은 사람이 이익을 볼
기회를 그냥 지나치지 못할 때 쓰는 말이에요.

 참새가 방앗간을 그냥 지나가는 거 봤어?
분명히 민찬이는 PC방에 들렀을 거야.

 참새가 방앗간을 그냥 못 지나가듯 분식집에 친구들이 가득했다.

천 리 길도 한 걸음부터

먼 길을 가는 것도 한 걸음 걷는 것부터 시작하듯이
어떤 일이든 시작이 중요하다는 뜻이에요.

비슷한 속담
시작이 반이다

 천 리 길도 한 걸음부터라고 계획을 잘 세워서 차근차근 공부해야 해.

 천 리 길도 한 걸음부터라는 말도 있잖아. 한 걸음씩 걷다 보면 정상에 오를 수 있을 거야.

첫술에 배부르랴

처음 뜨는 한 숟가락의 밥으로 배가
부를 리 없지요. 어떤 일을 하든지
처음부터 만족할 수 없다는 뜻이에요.

비슷한 속담
한술 밥에 배부르랴

 첫술에 배부르랴. 이번 공연은 아쉬움이 많이 남았다.

 첫술에 배부르기란 쉽지 않듯이 일을 시작한 지 얼마 안 되었으니 천천히 배우면 돼.

친구 따라 강남 간다

친구를 좋아하면 먼 곳이라도 따라가게 돼요.
자기는 하고 싶지 않은데 남에게 이끌려
덩달아 하게 된다는 뜻이에요.

> **단어 뜻**

강남 : 중국의 양쯔강 남쪽 지방을 가리키며,
'강남 갔던 제비가 돌아온다'에서의 강남도 같은 지역을 말해요.

 친구 따라 강남 간다고 보고 싶지 않은 공연에 친구랑 같이 갔다.

 전혀 관심 없는 피아노를 배우자고 조르는 짝꿍 때문에
친구 따라 강남 가게 생겼다.

칼로 물 베기

칼로 아무리 물을 베어도 물은 변하지 않아요.
이처럼 서로 다투었다가도 얼마 지나지 않아
금방 사이좋게 지낸다는 뜻으로 쓰여요.

 부부 싸움은 **칼로 물 베기**라고 한다.

 형제들끼리 싸우는 것은 **칼로 물 베기**라고 다투었다가도
금세 웃고 떠들게 된다.

콩 심은 데 콩 나고, 팥 심은 데 팥 난다

땅에 콩을 심으면 콩이 자라고, 팥을 심으면 팥이
자라는 건 당연한 일이에요. 이렇듯 모든 일은
원인과 그에 맞는 결과가 있다는 뜻이에요.

비슷한 속담
오이 덩굴에 오이 열리고, 가지 나무에 가지 열린다

 콩 심은 데 콩 나고, 팥 심은 데 팥 난다고 난 아빠를 닮아 잘생겼대.

 콩 심은 데 콩 나고, 팥 심은 데 팥 난다고 했어.
공부를 안 했으니 시험을 못 봤지.

콩으로 메주를 쑨다 해도 곧이듣지 않는다

콩으로 메주를 쑤는 것은 당연한 일인데 믿지 않아요.
당연한 사실을 말해도 믿음이 가지 않는다는 뜻이에요.

단어 뜻
메주 : 콩을 삶아 찧어서 네모나게 만들어 말린 것으로,
간장이나 고추장을 만드는 재료예요.

 그 아이 말이라면 **콩으로 메주를 쑨다 해도 곧이듣지 않아**.

 자꾸 거짓말을 하면 네 말은 **콩으로 메주를 쑨다 해도 안 믿게 돼**.

콩을 팥이라 해도 곧이듣는다

콩과 팥은 색깔과 모양이 달라요. 그런데 상대방이 콩을 팥이라고 말하는데도 믿는다는 말로, 평소에 자신에게 믿음을 주는 사람은 거짓말을 해도 그 말을 믿는다는 뜻이에요. 또는 남의 말을 무조건 믿는 것을 비유하기도 해요.

"믿음이 가는 친구 말은 콩을 팥이라 해도 곧이듣게 돼요."

털어서 먼지 안 나는 사람 없다

옷을 털면 먼지가 안 나는 사람이 없어요.
이렇듯 누군가의 결점을 찾으려 하면
아무리 선한 사람이라고 해도 결점 없는
사람은 없다는 뜻의 속담이에요.

 털어서 먼지 안 나는 사람 없으니 다른 사람의 허물을 일부러 들추면 안 된다.

 털어서 먼지 안 나는 사람 없다고 누구도 흉볼 사람 없어!

토끼 둘을 잡으려다가 하나도 못 잡는다

토끼 한 마리를 잡았는데 이미 잡은 토끼를 내려놓고
더 살찐 토끼를 쫓다가 결국 둘 다 놓쳤어요.
욕심을 부려 한 번에 여러 가지 일을 하려고 하면
하나도 제대로 이루지 못한다는 뜻이에요.

 공부하면서 텔레비전 보는 건 **토끼 둘을 잡으려다가 하나도 못 잡는** 격이야.

 토끼 둘을 잡으려다가 하나도 못 잡을 수 있으니 한 가지씩 해 나가자!

티끌 모아 태산

먼지처럼 작은 것도 꾸준히 모으면
큰 산이 되는 것처럼 아무리 작은 것이라도
조금씩 모으다 보면 큰 것이 된다는 뜻이에요.

> **단어 뜻**
>
> **티끌** : 먼지처럼 작은 부스러기를 말해요.
> **태산** : 중국에 있는 높고 큰 산의 이름이에요.

 벌써 저금통이 가득 차다니, **티끌 모아 태산**이라는 말이 맞아.

 티끌 모아 태산이라더니 날마다 조금씩 읽은 책이 벌써 100권이 됐어.

팔은 안으로 굽는다

팔이 바깥쪽으로 굽혀지지 않듯이 사람은
자신과 가까운 사람에게 마음이 가고,
그 사람의 편을 들게 된다는 뜻이에요.

 팔은 안으로 굽는다더니 자기 식구만 챙기는군.

 팔은 안으로 굽는다고 우리 고향 출신 선수를 응원할 거야.

평안 감사도 저 싫으면 그만이다

옛날에 평안도 지방의 감사는 누구나 부러워하는
벼슬자리였어요. 하지만 그 자리도 싫다고 하는 것은
아무리 좋은 것도 자기가 하기 싫으면 억지로
시킬 수 없다는 뜻이에요.

 평안 감사도 저 싫으면 그만이라더니 사 준다고 해도 싫대.

 싫으면 안 해도 돼. 평안 감사도 저 싫으면 그만이야!

핑계 없는 무덤이 없다

수많은 무덤은 각자 죽은 사연을 가지고 있듯이,
잘못을 저지른 사람이 여러 가지 핑계를 대며
변명하는 것을 비유하는 말이에요.

비슷한 속담
처녀가 아이를 낳아도 할 말이 있다

 다른 사람을 해코지한 사람도 할 말이 있다는 걸 보면 **핑계 없는 무덤은 없는가 봐.**

 핑계 없는 무덤이 없다고 잘못을 하고도 큰소리치고 있군.

하나를 보면 열을 안다

뛰어난 사람은 한 가지를 가르치면 열 가지를
깨우친다는 말이에요. 일부만 봐도 전체를
짐작할 수 있고, 사람의 한 가지 행동만 봐도
평소의 행동이 어떤지 헤아릴 수 있다는 뜻이에요.

 하나를 보면 열을 안다고 발표를 잘하는 걸 보니 공부도 잘할 것 같아.

 밖에서 저렇게 말썽 피우는 걸 보면, **하나를 보면 열을 안다**고 학교에서도 어떤지 짐작이 가.

하늘이 무너져도 솟아날 구멍이 있다

하늘이 무너지는 큰일이 생겨도 살아날 길은
있다는 말로, 아무리 어려운 일이 생겨도
해결해 나갈 방법이 있다는 뜻으로 쓰여요.

 하늘이 무너져도 솟아날 구멍이 있으니 다른 방법이 있을 거야.

 이번 일이 잘 안 되었다고 너무 실망하지 마. **하늘이 무너져도 솟아날 구멍이 있다잖아.**

하룻강아지 범 무서운 줄 모른다

어린 강아지는 호랑이가 무서운지 잘 알지 못해서
짖고 덤벼요. 자신보다 훨씬 강한 사람에게
철없이 덤빈다는 뜻이에요.

단어 뜻
하룻강아지 : 태어난 지 얼마 안 된 강아지를 말해요.
범 : 호랑이를 뜻해요.

 형한테 대드는 건 **하룻강아지 범 무서운 줄 모르고** 덤비는 것과 같아.

 하룻강아지 범 무서운 줄 모르고 나를 자꾸 놀리는 친구가 있어.

형만 한 아우 없다

어떤 일을 하든지 형이 아우보다 낫다는 뜻이에요.
아우가 형을 생각하는 것보다 형이 아우를
생각하고 사랑하는 마음이 크다는 뜻도 있어요.

 게임기도 동생한테 먼저 양보하는 것 보니
형만 한 아우 없다는 말이 맞군.

 형만 한 아우 없다더니 형이 일부러 동생한테 팔씨름을 져 줬다.

호랑이 굴에 들어가야 호랑이를 잡는다

호랑이를 잡으려면 겁이 나겠지만 용기를 내서 호랑이가 사는 굴로 들어가는 게 빠른 방법이에요. 이처럼 목표를 이루려면 어려움도 참고 위험도 견뎌 낼 힘이 필요하다는 뜻으로, 꼭 해야 할 일이 있다면 용기를 내서 하라는 말이에요.

"**호랑이 굴에 들어가야 호랑이를 잡는다**고 공부하려면 책상에 앉아야 해요."

호랑이도 제 말 하면 온다

깊은 산에 사는 호랑이도 자기 이야기를 하면
찾아온다는 말이에요. 남의 이야기를 하고 있는데
그 사람이 갑자기 나타날 때 쓰는 뜻이에요.

 친구들 흉을 함부로 보면 안 돼! **호랑이도 제 말 하면 온다**고 했어.

 호랑이도 제 말 하면 온다더니 소담이 이야기를 하고 있는데,
소담이가 우리 쪽으로 오고 있었어.

호랑이에게 물려 가도 정신만 차리면 산다

호랑이에게 물려 가서 목숨이 위험한 상황이라도
정신만 바로 차리면 살 수 있다는 말이에요.
아무리 위급한 상황이라도 침착하게 행동하면
위기를 빠져나갈 방법이 있다는 뜻이에요.

 호랑이에게 물려 가도 정신만 차리면 산다고 했으니 정신을
바짝 차리고 이 문제를 해결할 수 있는 방법을 찾아보자!

 호랑이에게 물려 가도 정신만 차리면 산다고 침착하게 해 보는 거야.

호미로 막을 것을 가래로 막는다

호미처럼 작은 것으로 막을 수 있었던 것을
게으름을 피우다 결국 가래로 막았어요.
적은 힘으로 쉽게 해결할 수 있는 일을 미루다가
큰 힘을 들일 때 비유해서 쓰는 말이에요.

단어 뜻
호미 : 밭에서 땅을 팔 때 쓰는 작은 농기구예요.
가래 : 땅을 깊이 파는 큰 농기구예요.

 호미로 막을 것을 가래로 막지 않으려면 숙제는 미리 하는 게 어때?

 빨리 병원에 가지 않으면 호미로 막을 것을 가래로 막게 돼.

호박이 넝쿨째로 굴러떨어졌다

호박이 여럿 달린 넝쿨이 통째로 굴러왔어요.
예상하지 않았던 뜻밖의 좋은 물건을 얻거나
큰 행운이 생겼을 때를 이르는 속담이에요.

 하던 일이 갑자기 잘되니 호박이 넝쿨째로 굴러떨어진 것 같아.

 예쁜 신부와 결혼하는 삼촌에게 사람들은 호박이 넝쿨째로 굴러떨어졌다고 말했어요.

혹 떼러 갔다 혹 붙여 온다

혹부리 영감이 도깨비를 속여서 혹을 떼러 갔다가
혹을 하나 더 붙여 온 것에서 나온 말이에요.
즉, 도움을 받으러 갔다가 다른 일까지 맡게 되거나
오히려 손해를 보고 오는 것을 뜻해요.

 혹 떼러 갔다 혹 붙여 온다고 어설픈 반박으로 이미지만 안 좋게 됐어.

 혹 떼러 갔다 혹 붙여 온다고 그는 예뻐지려고 성형 수술을 했다가 부작용으로 고생을 하고 있다.

황소 뒷걸음치다가 쥐 잡는다

황소가 뒤로 물러서다가 그 자리에 있던
쥐를 밟아서 잡게 되었어요. 여기에 비유해서
어떤 일을 우연한 기회에 이루거나 생각 없이
한 말이 정답일 때 쓰는 말이에요.

비슷한 속담
황소 뒷걸음에 잡힌 개구리

 황소 뒷걸음치다가 쥐 잡는다고 소매치기를 잡았는데 강력 범죄자였대.

 황소 뒷걸음치다가 쥐 잡는다고 아무렇게나 써 낸 답이 정답이었다.

3장

초등 국어 실력의 탄탄한 기본기를 다질 수 있는 고사성어를 실었어요. 고사성어를 통해 어휘력을 높이는 것은 물론 그 속에 담긴 교훈도 얻을 수 있어요. 한자의 뜻을 살피며 고사성어를 익혀 보세요.

고사성어로 어휘력 키우기

미리 풀어 보는 고사성어 퀴즈

1. 감 ㅇ ㅇ ㅅ
➔ 상대방을 현혹시키는 달콤한 말과 이로운 말을 뜻해요.

2. 고 ㅈ ㄱ ㄹ
➔ 쓴 것이 다하면 단 것이 온다고 해요.

3. 일 ㅊ ㅇ ㅈ
➔ 날마다 달마다 발전해 나가는 것을 뜻해요.

4. 다 ㄷ ㅇ ㅅ
➔ 많으면 많을수록 더욱 좋다는 뜻이에요.

5. 동 ㅂ ㅅ ㄹ
➔ 같은 병을 앓는 사람끼리 서로 불쌍히 여긴다는 말이에요.

6. 이 ㅅ ㅈ ㅅ
➔ 마음에서 마음으로 전해져 통한다는 뜻이에요.

7. 백 ㅁ ㅂ ㅇ ㅇ ㄱ
➔ 백 번 듣는 것이 한 번 보는 것만 못하다고 해요.

8. 일 ㅅ ㅇ ㅈ
→ 돌 하나를 던져 두 마리 새를 잡는다는 말이에요.

9. 소 ㅌ ㄷ ㅅ
→ 작은 것을 욕심내다가 큰 것을 잃었을 때 쓰여요.

10. 역 ㅈ ㅅ ㅈ
→ 처지를 바꾸어 생각해야 한다는 뜻이에요.

11. 청 ㅊ ㅂ ㄹ
→ 맑게 갠 하늘에 갑자기 떨어진 벼락을 뜻해요.

12. 작 ㅅ ㅅ ㅇ
→ 마음을 먹은 지 삼 일을 넘기지 못한다는 말이에요.

13. 온 ㄱ ㅈ ㅅ
→ 옛것을 익혀야 새것을 제대로 알 수 있다고 해요.

14. 파 ㅈ ㅈ ㅅ
→ 대나무를 쪼개는 듯한 맹렬한 기세를 말해요.

정답 1 엎어님 2 진진개 3 화룡점 4 다이선 5 유유원칙
6 낫잡자 7 곤봉에양진 8 외오 8 튼대동 10 지자기
11 전녀유 12 상삼양 13 고지신 14 죽지세

가가호호 ➡ 집집마다

家 집 **가**　家 집 **가**　戶 집 **호**　戶 집 **호**

집을 뜻하는 한자가 줄지어 네 번이나 언급돼요. 즉, 집집마다, 한 집도 빼지 않고 모든 집을 뜻하는 고사성어예요. "가가호호를 찾아다니며 조사를 벌였다.", "가가호호에 태극기가 걸렸다." 등으로 표현해요.

"축구 경기를 보며 가가호호 함성 소리가 크게 퍼졌어요."

각골난망 ➡ 뼈에 새겨져 잊기 어려운 은혜

刻 새길 **각**　骨 뼈 **골**　難 어려울 **난**　忘 잊을 **망**

다른 사람에게 은혜를 입은 고마움이 마음속 깊이 새겨져 잊을 수 없다는 뜻이에요.

비슷한말

결초보은(結草報恩) : 죽어서도 잊지 않고 은혜를 갚는다는 뜻이에요.

 나를 구해 준 은혜를 잊지 않고 **각골난망**의 마음으로 살 거예요.

 우리를 키워 주신 부모님에게 **각골난망**해야 한다.

각주구검 ➡ 배에 새겨서 칼을 찾는다.

刻 새길 **각**　舟 배 **주**　求 구할 **구**　劍 칼 **검**

배를 타고 강을 건너다 칼을 떨어뜨리자,
나중에 그 칼을 찾기 위해 배에 표시를 했어요.
하지만 그사이 배가 움직일 테니 칼을 찾을 수 없겠지요.
이처럼 어리석거나 융통성 없음을 나타낼 때 쓰여요.

 각주구검식의 낡은 사고방식은 버리고 새로운 전략을 세워야 해.

 옛것만 고집하는 **각주구검**의 어리석음에서 벗어나야 해.

감언이설 ➡ 달콤한 말과 이로운 말

甘 달 **감**   言 말씀 **언**   利 이로울 **이**   說 말씀 **설**

상대방의 귀를 솔깃하게 현혹시키기 위해
달콤한 말과 이로운 조건으로 꾀는 말을 뜻해요.

비슷한말
교언영색(巧言令色) : 꾸며서 하는 말과 꾸민 얼굴빛을 가리켜요.

 감언이설에 속아 중고 제품을 비싸게 샀다.

 만병통치약이라며 노인들을 **감언이설**로 꼬드겼다.

개과천선 ➡ 지나간 허물을 고치고 착하게 된다.

改 고칠 **개**   過 지날 **과**   遷 옮길 **천**   善 착할 **선**

지난날의 잘못을 깨우치고 고쳐서 착한 사람이
되었다는 뜻이에요. 잘못된 말과 행동을 깨닫고
고치려고 노력하는 건 멋진 일이에요.

 그는 **개과천선**해서 지금은 싸움도 안 하고 욕도 하지 않아요.

 부모님을 실망시킨 형은 **개과천선**해서 앞으로는
떳떳한 아들이 되겠다고 다짐했다.

거두절미 ➡ 머리와 꼬리는 잘라 버린다.

去 버릴 **거**　頭 머리 **두**　截 끊을 **절**　尾 꼬리 **미**

대화를 할 때 부연 설명만 길게 늘어놓으면
정작 핵심이 무엇인지 흐려질 때가 있어요.
거두절미는 앞뒤의 군더더기는 빼고 요점만
간단히 말하겠다는 뜻이에요.

　거두절미하고 용건만 말씀드리겠습니다!
　회의가 자꾸 길어지니 **거두절미**하고 핵심만 말해 주세요.

격세지감 ➡ 다른 시대를 사는 것 같은 느낌

隔 막을 **격**　世 세대 **세**　之 갈 **지**　感 느낄 **감**

긴 세월이 지나지 않았는데도 세상이 예전과
크게 달라졌다고 여겨지는 느낌을 말해요.
또 실제로 긴 세월이 흘러서 나타나는 변화나
세대 사이의 사고방식의 차이를 말할 때도 쓰여요.

　어릴 때 살던 동네를 오랜만에 들렀는데 **격세지감**을
　　느낄 만큼 많이 달라져 있었다.
　격세지감을 느낄 정도로 세계가 변화하고 있다.

결초보은 ➡ 풀을 묶어 은혜를 갚다.

結 맺을 **결** 草 풀 **초** 報 갚을 **보** 恩 은혜 **은**

은혜를 입은 사람이 죽어서도 은혜를 잊지 않고 갚는다는 뜻이에요.

비슷한말

각골난망(刻骨難忘) : 은혜에 대한 고마움이 뼈에 깊이 새겨져 잊히지 않는다는 뜻이에요.

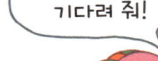
결초보은할게. 기다려 줘!

 선생님의 은혜에 반드시 **결초보은**할 거예요.

 나를 구해 준 사람한테 **결초보은**해야지.

계륵 ➡ 닭의 갈빗대

鷄 닭 **계** 肋 갈빗대 **륵**

먹기에는 양이 너무 적어서 큰 쓸모나 이익은 없으나 버리기는 아까운 것을 비유하는 고사성어예요. 닭의 갈비는 소나 돼지의 갈비에 비해 먹을 것이 적어서 생긴 표현이에요.

 계륵과 같은 취급을 받던 선수가 신인왕 자리를 차지했다.

 친구들이 나를 **계륵**쯤으로 여기고 있는 것 같아.

고군분투 ➡ 외로운 군대가 용감하게 싸운다.

孤 외로울 고　軍 군사 군　奮 떨칠 분　鬪 싸울 투

수가 적은 군대가 강한 적과 용감히 싸운다는 뜻이에요.
힘이 약하지만 남의 도움을 받지 않고 벅찬 일을
오롯이 해나가는 것을 비유하는 말이에요.

 연우는 대회에 제출할 포스터를 완성하기 위해
혼자서 **고군분투**하고 있다.

 우리는 각자 자신의 목표를 위해 **고군분투**해 왔다.

고진감래 ➡ 쓴 것이 다하면 단 것이 온다.

苦 쓸 고　盡 다할 진　甘 달 감　來 올 래

쓴 것은 힘든 일을 뜻하며, 단 것은 즐거운 일을 의미해요.
즉, 힘든 일이 지나면 즐겁고 좋은 일이 찾아온다는 말이에요.
'고생 끝에 낙이 온다'는 속담과 같은 뜻이에요.

 고진감래라잖아. 지금 힘들어도 꼭 좋은 결과가 있을 거야.

 고진감래라더니 결국에는 그 일을 해냈군.

공중누각 ➡ 공중에 세운 누각

空 빌 **공** 中 가운데 **중** 樓 다락 **누** 閣 집 **각**

'누각'은 사방을 바라볼 수 있도록 문과 벽이 없이 다락처럼 높이 지은 집이에요. 공중누각은 말 그대로 공중에 세운 누각을 뜻하며, 근거 없는 사물이나 현실성 없는 생각, 계획 등을 비유하는 말이에요.

"말로만 하는 계획은 공중누각과 같대요."

과유불급 ➡ 지나친 것은 미치지 못함과 같다.

過 지나칠 **과** 猶 같을 **유** 不 아닐 **불** 及 미칠 **급**

지나치거나 모자라지 않은 적절한 상태를
'중용'이라 하는데, 공자는 이를 중요하게 가르쳤어요.
지나치거나 모자라지 않고 어느 한쪽으로 치우치지 않은
상태를 지키라는 뜻이에요.

 과유불급이라는 말도 있듯이 아무리 좋은 운동도 몸에 무리가 될 정도로 지나치게 하면 좋지 않아.

 과유불급이라고 옷은 예쁜데 액세서리를 너무 많이 한 것 같아.

관포지교 ➡ 관중과 포숙의 사귐

管 피리 **관** 鮑 절인 물고기 **포** 之 갈 **지** 交 사귈 **교**

어려서부터 우정이 두터웠던 제나라의 관중과 포숙처럼
서로 이해하며 믿고 정답게 지내는 친구 사이를 말해요.

비슷한말

막역지우(莫逆之友) : 거스르는 일이 없는 친한 친구를 뜻해요.

 졸업하더라도 친구들과 쌓은 **관포지교**의 우정을 이어가야지.

 수영이는 **관포지교**와 같은 우정을 나눈 친구이다.

괄목상대 ➡ 눈을 비비고 다시 보며 상대를 대한다.

刮 비빌 **괄**   目 눈 **목**   相 서로 **상**   對 대할 **대**

알고 있던 사람이 맞는지 판단이 안 될 정도로
학식이나 재주가 놀랄 만큼 나아졌다는 뜻이에요.

비슷한말
일취월장(日就月將) : 나날이 발전해 나간다는 뜻이에요.

 후보였던 선수가 경기를 우승으로 이끌다니 **괄목상대**할 일이군.

 그는 꾸준히 노력해서 **괄목상대**할 성장을 이뤄 냈다.

교언영색 ➡ 교묘한 말과 알랑거리는 얼굴

巧 교묘할 **교**   言 말씀 **언**   令 좋을 **영**   色 빛 **색**

상대방의 환심을 사기 위해 교묘하게 꾸며서 하는 말과
아첨하며 꾸민 얼굴빛을 말해요.

반대말
성심성의(誠心誠意) : 참되고 성실한 마음과 뜻을 가리켜요.

 교언영색하는 사람을 가까이하면 너도 그렇게 보일지 몰라.

 내 이익을 위해 친구들에게 **교언영색**하는 행동은 옳지 않아.

구사일생 → 아홉 번 죽을 뻔하다 한 번 살아난다.

九 아홉 **구**　死 죽을 **사**　一 한 **일**　生 살 **생**

여러 차례 죽을 고비를 넘기고 간신히 목숨을
건졌을 때 쓰는 말이에요.

비슷한말

기사회생(起死回生) : 죽을 뻔하다 다시 살아났다는 뜻이에요.

 추락한 비행기에서 **구사일생**으로 사람들이 구출되었어요.

 전쟁 포로들이 **구사일생**으로 탈출에 성공했다.

군계일학 → 닭의 무리에 끼어 있는 한 마리의 학

群 무리 **군**　鷄 닭 **계**　一 한 **일**　鶴 학 **학**

평범한 많은 사람 중에서 가장 뛰어난 한 사람을
가리킬 때 쓰는 말이에요.

비슷한말

출중(出衆) : 여러 사람들 중에서 뛰어난 사람을 가리켜요.

 서희는 많은 사람 사이에서 **군계일학** 격으로 외모가 눈에 띄어요.

 그는 글짓기 부분에서 **군계일학**처럼 각종 우승을 휩쓸었다.

궁여지책 ➡ 매우 궁하여 어려움 속에서 짜낸 대책

窮 다할 **궁**　餘 남을 **여**　之 갈 **지**　策 꾀 **책**

곤경에 처한 막다른 길에서 막힌 일을 해결하기 위해 겨우 생각해 낸 대책을 이르는 말이에요.

 궁여지책으로 거짓말을 했지만, 곧 들통나고 말았다.

 받은 용돈으로 해결할 길이 없어서 **궁여지책**으로 동생에게 도움을 구했다.

금상첨화 ➡ 비단 위에 꽃을 더한다.

錦 비단 **금**　上 윗 **상**　添 더할 **첨**　花 꽃 **화**

비단은 그 자체로 아름다운데 여기에 꽃을 더한다는 말로, 좋은 것이나 좋은 일이 거듭 겹쳐질 때 쓰는 표현이에요.

멋진 모자에 옷 선물까지 금상첨화로군!

[반대말]

설상가상(雪上加霜) : 난처한 일이나 불행한 일이 잇따라 일어나는 것을 뜻해요.

 미술 대회에서 대상에, 상금도 받으면 **금상첨화**일 거야.

 내가 좋아하는 음식에 음료까지 그야말로 **금상첨화**로군!

금의환향 ➡ 비단 옷을 입고 고향에 돌아온다.

錦 비단 **금**   衣 옷 **의**   還 돌아올 **환**   鄕 고향 **향**

옛날에는 비단 옷이 높은 직분을 상징했어요.
성공을 거둔 후에 사람들의 환영을 받으며
고향으로 돌아오는 모습을 일컫는 말이에요.

 나는 크면 꼭 성공해서 **금의환향**할 거야!

 고시에 합격한 삼촌의 **금의환향**을 축하하는 잔치가 열렸다.

기고만장 ➡ 기운이 만 길 높이만큼 뻗었다.

氣 기운 **기**   高 높을 **고**   萬 일만 **만**   丈 길이 **장**

'한 길'은 약 3m 길이에 해당하는데, '만 길'만큼
아주 높이 기세가 올라 있다는 뜻이에요. 자신의 능력을
으스대며 남에게 뽐내는 모습을 나타내는 말이에요.

비슷한말

기세등등(氣勢騰騰) : 기세가 매우 높고 힘찬 모양을 뜻해요.

 그렇게 **기고만장**하더니 심사에서 탈락하고 말았어.

 그들의 **기고만장**한 태도가 맘에 들지 않았다.

기사회생 ➡ 죽은 사람이 일어나 다시 살아난다.

起 일어날 **기** 死 죽을 **사** 回 돌아올 **회** 生 살 **생**

거의 죽을 뻔했다가 다시 살아난다는 말로, 죽을 고비에서 다시 힘을 내 일어서는 모습을 비유해서 쓰여요. 큰 위기에 처한 상황에서 기적 같은 일로 위기를 벗어났을 때도 쓰이는 말이에요.

"야구 경기에서 기사회생으로 우리 팀이 이겼어요."

길흉화복 ➡ 길함과 흉함, 불길함과 복스러움

吉 길할 **길**　凶 흉할 **흉**　禍 재앙 **화**　福 복 **복**

세상을 살면서 겪을 수 있는 좋은 일과 나쁜 일, 불행한 일과 행복한 일을 통틀어 이르는 표현이에요.

비슷한말
희로애락(喜怒哀樂) : 기쁨, 노여움, 슬픔, 즐거움을 아우르는 말이에요.

 할머니는 꿈으로 **길흉화복**을 예측하곤 하셨다.

 마을 어귀에 심어져 있는 오래된 느티나무는 마을의 **길흉화복**을 함께해 왔다.

난형난제 ➡ 형이라 하기도 어렵고 아우라 하기도 어렵다.

難 어려울 **난**　兄 형 **형**　難 어려울 **난**　弟 아우 **제**

학문이나 재능이 비슷해서 어느 쪽이 더 낫고 어느 쪽이 못하다고 판단하기 곤란할 때 쓰는 말이에요.

 동갑내기인 승준이와 병호는 **난형난제**의 실력을 갖추고 있어서 승부를 예측하기 어렵다.

 두 나라는 축구에서 **난형난제**의 싸움이 예상된다.

노심초사 ➡ 마음으로 애를 쓰며 속을 태운다.

勞 근심할 **노**   心 마음 **심**   焦 애태울 **초**   思 생각 **사**

몹시 마음을 쓰고 생각을 지나치게 깊게 하면서
애를 태우는 것을 말해요. 어떤 일에 걱정과 우려로
안절부절못하는 모습을 나타낼 때 쓰여요.

비슷한말

초심고려(焦心苦慮) : 마음을 애태우며 괴롭게 염려한다는 뜻이에요.

 부모님은 자식들 걱정에 항상 **노심초사**하신다.

 이미 치른 시험을 두고 **노심초사**해 봐야 소용없어.

다다익선 ➡ 많으면 많을수록 더욱 좋다.

多 많을 **다**   多 많을 **다**   益 더할 **익**   善 착할 **선**

많으면 많을수록 더 좋다는 뜻이에요.
한나라 때 한신이라는 장군이 병사의 수는
많으면 많을수록 잘 지휘할 수 있다고
말한 것에서 유래한 고사성어예요.

 다다익선이라고 뭐든 많으면 많을수록 좋지.

 이웃을 위해 좋은 일을 하는 것은 **다다익선**이야.

대기만성 ➡ 큰 그릇은 늦게 이루어진다.

大 큰 **대**   器 그릇 **기**   晚 늦을 **만**   成 이룰 **성**

크게 될 사람은 쉽게 이루어지지 않는다는 말이에요.
또 나이가 들어 늦게 성공하는 것을 일컫기도 해요.

 잘 안 된다고 포기하지 말고 좀 더 노력해 봐.
넌 꼭 **대기만성**할 거야.

 그는 늦은 나이에 성공한 **대기만성**형 배우이다.

대동소이 ➡ 큰 것은 같고 작은 것은 다르다.

大 큰 **대**   同 같을 **동**   小 작을 **소**   異 다를 **이**

큰 차이가 없이 거의 같은 것을 뜻해요. 전체적으로
비슷하지만 사소한 차이가 있는 것을 말하며,
같다는 것을 강조할 때 쓰는 표현이에요.

비슷한말

오십보백보(五十步百步) : 조금의 차이는 있지만 비슷하다는 뜻이에요.

 자전거의 성능은 **대동소이**한데 가격은 천차만별이다.

 이번 시험에서 1등과 2등의 실력이 **대동소이**하다.

독불장군 ➡ 혼자서는 장군이 될 수 없다.

獨 홀로 **독**   不 아닐 **불**   將 장수 **장**   軍 군사 **군**

남의 의견을 잘 듣지 않고 자기 마음대로 혼자서
모든 일을 처리하는 사람을 말해요. 남들과 타협하면서
살아가라는 교훈이 담겨 있는 고사성어예요.

 매번 혼자서 **독불장군**처럼 나서면 좋아하는 사람이 없다.

 우리 모둠에는 **독불장군**으로 고집을 내세워 일을 처리하려는 친구가 있어서 너무 힘들어.

동고동락 ➡ 괴로움과 즐거움을 함께 한다.

同 같을 **동**   苦 괴로울 **고**   同 같을 **동**   樂 즐길 **락**

고생스러운 일도 즐거운 일도 함께한다는 말이에요.
어느 때든 함께 더불어 하는 것을 뜻하며,
'고락을 함께하다'라고 줄여서 표현하기도 해요.

 그와 나는 함께 힘든 훈련을 받으며 **동고동락**해 온 친구이다.

 우리는 벌써 10년째 같은 학교에서 **동고동락**하며 떼려야 뗄 수 없는 사이가 되었어요.

동문서답 ➔ 동쪽을 묻는데 서쪽을 대답한다.

東 동녘 **동**   問 물을 **문**   西 서녘 **서**   答 대답할 **답**

동쪽이 어디냐고 묻는데 서쪽이라고 대답한다는 뜻으로, 질문과 상관없는 엉뚱한 대답을 가리키는 말이에요.

 선민이가 계속 장난을 치며 **동문서답**을 해서 화가 났어.

 계속 **동문서답**하겠다면 나는 더 이상 너와 말하지 않겠어!

동병상련 ➔ 같은 병을 앓는 사람끼리 서로 불쌍히 여긴다.

同 같을 **동**   病 병 **병**   相 서로 **상**   憐 불쌍히 여길 **련**

같은 병을 앓는 사람이 있다면 서로 가여운 마음을 갖게 되듯이, 같은 처지에 있는 사람끼리 서로 이해하고 돕는 것을 말해요.

비슷한말

초록동색(草綠同色) : 같은 처지에 있는 사람들끼리는 같이 어울리게 마련이라는 뜻이에요.

 같은 어려움을 가지고 있던 둘은 **동병상련**이라고 누구보다 가까운 사이였어요.

 동병상련이라고 아토피로 고생하는 이들을 보면 마음이 아파.

동상이몽 ➡ 같은 잠자리에서 서로 다른 꿈을 꾼다.

同 같을 **동** 床 침상 **상** 異 다를 **이** 夢 꿈 **몽**

겉으로 보면 함께 행동하고 같은 마음인 것처럼 보이지만 속으로는 다른 생각을 가지고 있는 것을 이르는 말이에요. 또 서로 같은 입장이지만 목표가 다른 사람을 비유할 때 쓰여요.

"엄마와 나는 **동상이몽**을 꾸고 있어요."

두문불출 ➡ 문을 닫고 밖으로 나가지 않는다.

杜 닫을 **두**　門 문 **문**　不 아닐 **불**　出 날 **출**

집에만 있으면서 바깥출입을 하지 않는 것을 말해요.
사람들을 만나지 않고 밖에서 일어나는 일에는
관심을 두지 않으며 사는 경우를 일컫는 말이에요.

 방학 동안 **두문불출**하고 집에서만 지냈어.

 아빠는 주말 내내 **두문불출**할 정도로 텔레비전 앞에 계신다.

마이동풍 ➡ 말의 귀에 동쪽 바람

馬 말 **마**　耳 귀 **이**　東 동녘 **동**　風 바람 **풍**

동쪽 바람이 말의 귀를 스쳐 간다는 말로,
남의 말을 귀담아듣지 않고 흘려버리는 것을 뜻해요.

비슷한말

우이독경(牛耳讀經) : 아무리 가르치고 일러 줘도
알아듣지 못한다는 뜻이에요.

 저 사람은 무슨 얘기를 해도 **마이동풍**으로 흘려들어.

 사람들의 충고를 전혀 듣지 않으니 **마이동풍**이로군!

막상막하 ➡ 위도 없고 아래도 없다.

莫 없을 **막**   上 윗 **상**   莫 없을 **막**   下 아래 **하**

어느 것이 낫고 어느 것이 못하다고
말하기 어려울 만큼 차이가 없음을 일컫는 말이에요.

 둘의 힘이 **막상막하**여서 팔씨름의 승부가 쉽게 나지 않았다.

 퀴즈 대회에 출전한 각 팀의 실력이 뛰어나서
막상막하의 치열한 승부가 펼쳐졌다.

막역지우 ➡ 거스르는 일이 없는 친한 친구

莫 없을 **막**   逆 거스를 **역**   之 갈 **지**   友 벗 **우**

서로 마음에 거스르는 것이 없이 사귀며
잘 맞는 친구를 말해요. 즉, 서로 허물이 없는
친한 친구라는 뜻이에요.

 수찬이는 어린 시절 같은 동네에 살면서 가까이 지낸
나의 유일한 **막역지우**예요.

 그는 나와 비밀이 없을 정도로 **막역지우**이다.

맹모삼천 ➡ 맹자의 어머니가 아들의 교육을 위해 세 번 이사를 했다.

孟 맏 **맹**　母 어머니 **모**　三 석 **삼**　遷 옮길 **천**

맹자의 어머니는 아들 교육을 위해 세 번이나 이사를 했다고 해요. 그만큼 교육하는 데 주위 환경이 중요하다는 뜻이에요.

 엄마는 우리 남매의 교육을 위해서는 **맹모삼천** 못지않은 정성을 기울이신다.

 할머니는 **맹모삼천**의 마음으로 교육을 위해 도시로 이사를 하셨대.

모순 ➡ 창과 방패

矛 창 **모**　盾 방패 **순**

말이나 행동이 앞뒤가 서로 일치하지 않는 것을 뜻해요. 어려운 순간을 넘기기 위한 모순된 태도는 자제해야 해요.

비슷한말

자가당착(自家撞着) : 자기의 말과 행동이 앞뒤가 맞지 않는 것을 일컫는 말이에요.

 네 발표 자료는 앞뒤에 **모순**이 있어서 수정이 필요해.

 다이어트한다면서 야식까지 챙기는 건 **모순**된 행동이야.

무릉도원 ➡ 복숭아나무가 있는 언덕

武 굳셀 **무**　陵 언덕 **릉**　桃 복숭아나무 **도**　源 근원 **원**

이 세상에 없는 별천지를 일컫는 말로,
사람들이 마음속으로 그리는 지상 낙원을 뜻해요.
서양에서는 이런 곳을 '유토피아'라고 해요.

 부모님은 한적한 시골 마을의 **무릉도원** 같은 곳에 집을 짓고 사는 것이 꿈이라고 하신다.

 이곳에 와 보니 **무릉도원**이 따로 없군!

문전성시 ➡ 문 앞에 시장이 선 것 같다.

門 문 **문**　前 앞 **전**　成 이룰 **성**　市 시장 **시**

찾아오는 사람이 많아서 집 문 앞이
시장이 선 것처럼 사람들로 붐빈다는 뜻이에요.

반대말

문전작라(門前雀羅) : 권세가 약해지면 찾아오는 사람들이 적어진다는 뜻이에요.

 텔레비전에 나온 피자 집이 손님들로 **문전성시**를 이루었어요.

 한때 **문전성시**를 이루던 가게가 지금은 문을 닫았다.

미사여구 ➡ 아름다운 말로 꾸민 고운 문장

美 아름다울 **미** 辭 말씀 **사** 麗 고울 **여** 句 구절 **구**

아름답게 잘 쓴 글을 말하지만, 실제는 내용보다
겉만 한껏 장식하여 꾸민 문장을 뜻해요.
지나치게 기교를 부린 말이나 글을 가리킬 때 쓰여요.

비슷한말

감언이설(甘言利說) : 상대방을 현혹시키는 달콤한 말과 이로운 말을 뜻해요.

 미사여구만 골라 쓴다고 좋은 글이 되지는 않아.

 온갖 **미사여구**로 친구들을 현혹시켜서 친해져도
그 우정은 오래 가지 못한다.

백문불여일견 ➡ 백 번 듣는 것이 한 번 보는 것만 못하다.

百 일백 **백** 聞 들을 **문** 不 아닐 **불** 如 같을 **여** 一 한 **일** 見 볼 **견**

무엇이든 실제로 경험해 봐야 확실히 알 수 있다는
말이에요. 남에게 듣는 것보다 자신이 직접 눈으로
확인하고 경험해야 확실하게 알 수 있지요.

 백문불여일견이라고 책에서만 봤던 그림을 직접 보니 정말 멋져.

 백문불여일견이라 했으니 직접 가서 확인해 보자!

백전백승 ➡ 백 번 싸워서 백 번 이긴다.

百 일백 **백**　戰 싸움 **전**　百 일백 **백**　勝 이길 **승**

싸울 때마다 반드시 이긴다는 뜻이에요. 《손자병법》에 따르면 적과의 싸움에서 싸워서 이기는 것과 싸우지 않고 이기는 방법이 있는데, 그중 싸우지 않고 이길 수 있는 방법이 더 현명한 방법이라고 해요.

"적을 알고 나를 알면 백전백승할 수 있어요."

사면초가 ➡ 사방에서 들려오는 초나라의 노래

四 넉 **사**   面 낯 **면**   楚 초나라 **초**   歌 노래 **가**

적에게 둘러싸여 있거나 아무에게도
도움 받지 못하는 외롭고 곤란한 상태를 말해요.

비슷한말

진퇴양난(進退兩難): 이러지도 저러지도 못하는 힘든 상황을 가리켜요.

 친구들의 비난에 결국 **사면초가**에 놓이고 말았다.

 우리는 완전히 포위되고 말았어. **사면초가**야.

사상누각 ➡ 모래 위에 세운 누각

沙 모래 **사**   上 윗 **상**   樓 다락 **누**   閣 집 **각**

모래 위에 지은 집은 금방 무너지고 말아요.
이처럼 기초가 튼튼하지 못해서 곧 무너지는 것과
실현하지 못할 일을 두고 이르는 말이에요.

 지금까지의 노력이 **사상누각**이 되지 않도록 맡은 일을
끝까지 충실하게 해야 해.

 기본적인 원칙을 지키지 않으면 **사상누각**처럼 무너지고 말 거야.

사필귀정 ➡ 일은 반드시 바른 곳으로 돌아간다.

事 일 **사**   必 반드시 **필**   歸 돌아갈 **귀**   正 바를 **정**

어떤 일을 하면서 중간에 잘못될 수는 있지만,
결국에는 바른 모습과 옳은 이치대로 돌아간다는 말이에요.

 지금까지 **사필귀정**의 마음으로 버티며 이 일을 해 왔다.

 모든 일은 **사필귀정**할 것이니 좀 더 기다려 보자.

살신성인 ➡ 자신의 몸을 희생해서 옳은 일을 이룬다.

殺 죽일 **살**   身 몸 **신**   成 이룰 **성**   仁 어질 **인**

자신을 희생하여 남을 돕고 옳은 도리를
행하는 것을 말해요. 다른 친구들을 위해
나를 희생하고 봉사하는 것도 살신성인이에요.

비슷한말

사생취의(捨生取義) : 목숨을 잃을지라도 옳은 일을 한다는 뜻이에요.

 소방관은 화재 현장에서 **살신성인**하는 자세로 일하고 있다.

 이번에 회장이 된 정민이는 **살신성인**하는 마음으로
우리 반을 잘 이끌고 있어.

삼고초려 ➡ 초가집을 세 번 찾아간다.

三 석 **삼**   顧 돌아볼 **고**   草 풀 **초**   廬 오두막집 **려**

훌륭한 인재를 맞이하기 위해서는 참을성 있게
정성을 다해야 한다는 말이에요.

비슷한말

삼고지례(三顧之禮) : 예를 갖춰서 인재를 맞이하는 것을 뜻해요.

 수련회에 저 분을 강사로 모시려고 선생님께서 **삼고초려**하셨대.

 대회 우승을 위해서라면 **삼고초려**라도 해서 능력 있는
친구를 꼭 데려와야 해.

삼라만상 ➡ 온갖 사물들이 숲처럼 빼곡히 퍼져 있는 형상

森 숲 **삼**   羅 그물 **라**   萬 일만 **만**   象 그림 **상**

우주 안에 있는 모든 사물과 현상을 일컫는 말이에요.
해와 달, 별, 계절, 강, 산, 돌, 동물, 사람 등
온갖 만물을 총칭하는 고사성어예요.

 모든 **삼라만상**은 작품으로 표현할 수 있는 소재가 될 수 있어.

 새해의 밝은 해가 잠들었던 **삼라만상**을 깨우는 것 같았다.

새옹지마 ➡ 변방에 사는 노인의 말

塞 변방 **새**　**翁** 늙은이 **옹**　**之** 갈 **지**　**馬** 말 **마**

인생의 행복이나 불행은 예측할 수 없다는 말이에요. 세상일은 미리 예측하기 힘들어서 불행한 일이 생겨도 너무 낙심하지 말고, 좋은 일이 생겨도 자만하지 말고 주의하라는 뜻이에요.

비슷한말
전화위복(轉禍爲福): 재앙과 근심, 걱정이 바뀌어 복이 된다는 뜻이에요.

 새옹지마라고 놓친 버스가 사고 날 줄이야!

 세상만사 **새옹지마**라는 말이 있듯이 좋을 때도 방심하지 말고 조심해야 해.

선견지명 ➡ 미래를 내다보는 지혜

先 먼저 **선**　**見** 볼 **견**　**之** 갈 **지**　**明** 밝을 **명**

앞으로 닥쳐올 일을 미리 가늠하고 대처할 줄 아는 지혜를 일컫는 말이에요.

 성공한 사람들을 보면 대부분 **선견지명**이 있다.

 그의 **선견지명**으로 이번 위기를 잘 해결할 수 있었어.

설상가상 ➡ 눈 위에 서리가 덮인다.

雪 눈 **설**   上 윗 **상**   加 더할 **가**   霜 서리 **상**

좋지 않거나 불행한 일이 잇따라 일어나는 것을 말해요.
'엎친 데 덮친다', '눈 위에 서리 친다' 등의
표현과 같은 뜻이에요.

비슷한말

금상첨화(錦上添花) : 좋은 것에 또 좋은 것이 더해지는 것을 뜻해요.

 설상가상이라더니 일이 자꾸 꼬여 가고 있어.

 등교 시간에 늦었는데 **설상가상**으로 길까지 막혔어.

소탐대실 ➡ 작은 것을 욕심내다가 큰 것을 잃는다.

小 작을 **소**   貪 탐낼 **탐**   大 큰 **대**   失 잃을 **실**

눈앞의 작은 이익에 정신이 팔려서 나중에
큰 손해를 보게 되는 어리석음을 일컫는 말이에요.

 친구에게 거짓말하는 건 친구를 잃을 수 있는 **소탐대실**하는 행동이야.

 소탐대실하지 않도록 신중하게 생각해야 해!

수수방관 ➡ 손을 소매에 넣고 곁에서 바라본다.

袖 소매 **수**　手 손 **수**　傍 곁 **방**　觀 볼 **관**

나서거나 도움을 줘야 할 상황에서 팔짱만 낀 채 지켜만 보고 있다는 뜻이에요. 마땅히 해야 할 일을 눈앞에 두고 남 일처럼 멀리서 지켜만 보는 것은 너무 무책임한 행동이에요.

"도움을 줄 수 있는 일에는 수수방관하지 말고 도와야 해요."

수어지교 ➡ 물과 물고기의 사귐

水 물 **수**   魚 물고기 **어**   之 갈 **지**   交 사귈 **교**

물고기가 물을 떠나서는 살 수 없듯이
아주 친하여 떨어질 수 없는 사이를 말해요.
임금과 신하, 부부 등을 가리켜요.

 미주와 나는 **수어지교** 같은 사이예요.

 두 나라는 오래전부터 **수어지교**의 관계라고 한다.

승승장구 ➡ 승리의 기세를 타고 계속 몰고 나간다.

乘 탈 **승**   勝 이길 **승**   長 길 **장**   驅 몰 **구**

승리의 기세를 몰아 거침없이 나아가는 모습을
비유하는 말이에요. 어떤 일이 잘 풀리고 나서
다음 일도 연이어 잘 해결해 나갈 때 쓰는 표현이에요.

비슷한말

파죽지세(破竹之勢): 대적할 상대가 없을 정도로 세력이 강해서
거침없이 나아가는 맹렬한 기세를 뜻해요.

 그는 하는 일마다 **승승장구**하고 있다.

 승승장구할 때는 더욱 겸손할 줄 알아야 해.

시시비비 ➡ 옳은 것은 옳고 그른 것은 그르다고 한다.

是 옳을 시   是 옳을 시   非 아닐 비   非 아닐 비

옳고 그른 것을 공정하게 판단하는 것을 이르는 말이에요. '시시비비를 가리다', '시시비비를 따지다' 등으로 표현해요.

 친구와 **시시비비**를 따지다가 결국 뒤엉켜 싸우게 됐다.

 이번 일은 **시시비비**를 가려서 억울한 사람이 한 명도 없도록 해야 해.

심사숙고 ➡ 깊이 생각하고 또 생각한다.

深 깊을 심   思 생각 사   熟 익을 숙   考 생각할 고

매우 신중하게 생각하는 모습을 가리켜요. '심사숙고하다', '숙고하다', '심사숙고한 끝에', '숙고한 끝에' 등으로 쓰여요.

 그건 우리가 **심사숙고**한 끝에 결정한 계획이야.

 그 문제에 대해선 서두르지 말고 **심사숙고**한 다음 해결책을 찾아보는 게 좋겠어.

십중팔구 ➡ 열 가운데 여덟이나 아홉

十 열 **십**   中 가운데 **중**   八 여덟 **팔**   九 아홉 **구**

열 개 중에서 여덟 개나 아홉 개 정도로
거의 대부분, 거의 틀림없음을 뜻하는 말이에요.

비슷한말

십상팔구(十常八九) : 열에 여덟이나 아홉 정도로 거의 예외가 없음을 뜻해요.

 등교 시간에 지각하는 친구들은 **십중팔구** 늦잠 때문이야.

 교통사고는 **십중팔구** 부주의에서 비롯된다고 한다.

아전인수 ➡ 내 논에 물을 끌어들인다.

我 나 **아**   田 밭 **전**   引 끌 **인**   水 물 **수**

가뭄이 들었는데 자기 논에만 물을 대려는 행동을 말해요.
즉, 자기에게만 이롭게 생각하거나 행동하는 것을 뜻해요.

반대말

역지사지(易地思之) : 처지를 바꾸어 생각한다는 뜻이에요.

 사람들은 **아전인수** 격으로 자기 입장만 생각할 때가 많아요.

 둘은 **아전인수**식 싸움을 계속하고 있다.

안빈낙도 ➡ 가난하지만 편안한 마음으로 도를 즐긴다.

安 편안할 **안**   貧 가난할 **빈**   樂 즐길 **낙**   道 길 **도**

가난을 탓하지 않고 의롭게 살아가는 삶의 자세를
일컫는 말이에요. 즉, 물건이나 돈에 욕심을 버리고
삶을 편안한 마음으로 살아가는 것을 가리켜요.

비슷한말

안분지족(安分知足) : 제 분수를 지키며 만족할 줄 아는 것을 뜻해요.

 그는 도시를 떠나 시골에서 **안빈낙도**하며 살고 있다.

 욕심을 버리면 **안빈낙도**의 삶을 살 수 있다고 해요.

안하무인 ➡ 눈 아래에 사람이 없다.

眼 눈 **안**   下 아래 **하**   無 없을 **무**   人 사람 **인**

눈 아래에 사람이 아무도 없는 것처럼
몹시 교만하여 다른 사람을 업신여기는 것을 말해요.

 어르신에게 무례하게 굴다니 **안하무인**이 따로 없군!

 하루아침에 부자가 된 그는 기세등등하여
사람들에게 **안하무인**으로 행동하였다.

어부지리 → 어부의 이익

漁 고기 잡을 **어**   夫 남편 **부**   之 갈 **지**   利 이로울 **리**

두 사람이 서로 싸우는 사이에 엉뚱한 다른 사람이 이익을 챙긴다는 말이에요.

비슷한말

견토지쟁(犬兎之爭) : 개와 토끼의 다툼이라는 뜻으로, 둘이 다투는 사이 제3자가 이익을 얻는 것을 가리켜요.

 두 후보의 계속되는 다툼으로 다른 후보가 **어부지리** 격으로 당선됐다.

 선두에 있던 두 선수가 넘어지는 바람에 다른 선수가 **어부지리**로 금메달을 땄어.

언감생심 → 어찌 감히 그런 마음을 품을 수 있으랴.

焉 어찌 **언**   敢 감히 **감**   生 날 **생**   心 마음 **심**

감히 어떤 일을 해 볼 마음도 가질 수 없다는 것을 강조해서 표현한 말이에요.

 언감생심 나랑 겨룬다는 그런 생각을 하다니!

 친구네 집에서 자는 것은 아직 **언감생심** 꿈도 못 꿀 일이다.

언중유골 ➡ 말 속에 뼈가 있다.

言 말씀 **언**   中 가운데 **중**   有 있을 **유**   骨 뼈 **골**

부드러운 말 속에 핵심이 되는 속뜻이 있다는 말이에요. 상대방에게 직설적인 말 대신 평범한 말 속에 속뜻을 담아 표현하는 것을 뜻해요. 또 농담처럼 하는 말에 비판적인 뜻이 담겨 있는 것도 가리켜요.

"동생은 농담처럼 말했지만 **언중유골**이었어요."

언행일치 ➡ 말과 행동이 같다.

言 말씀 **언**   行 행동 **행**   一 한 **일**   致 이룰 **치**

자신이 말한 것을 행동에 옮기는 것을 뜻해요.
말은 쉽게 할 수 있지만 행동으로 옮기는 것은 쉽지
않듯이 말을 함부로 하면 안 된다는 의미를 담고 있어요.

 리더가 되기 위해선 **언행일치**의 자세가 중요하다.

 말한 것을 꼭 지키는 **언행일치**하는 사람이 될 거야.

역지사지 ➡ 처지를 바꾸어 생각한다.

易 바꿀 **역**   地 처지 **지**   思 생각 **사**   之 갈 **지**

상대방과 입장을 바꾸어 생각해 보는 것을 말해요.
상대방의 처지나 입장에서 생각해 보고
이해하는 마음을 가지라는 뜻이 담겨 있어요.

반대말

아전인수(我田引水) : 자기에게만 이롭게 생각하거나 행동하는 것을 뜻해요.

 친구와 다툼이 있을 때는 **역지사지**로 생각해 봐야 해.

 역지사지의 마음으로 상대방의 입장을 헤아려 보자!

오리무중 ➡ 5리나 되는 안개 속에 있다.

五 다섯 **오**　里 마을 **리**　霧 안개 **무**　中 가운데 **중**

5리(약 2km)나 되는 길에 짙은 안개가 깔리면 주변이 뿌옇게 보여서 길을 찾기 힘들어요. 어떤 일에 알 길이 없고 일의 갈피를 잡기 힘들 때 쓰는 말이에요.

 아직도 그 사건은 **오리무중**인 상태이다.

 수민이의 노트가 없어졌는데 아무도 본 사람이 없다고 하니 여전히 **오리무중**이야.

오비이락 ➡ 까마귀 날자 배 떨어진다.

烏 까마귀 **오**　飛 날 **비**　梨 배나무 **이**　落 떨어질 **락**

서로 상관없는 일이 우연히 동시에 일어나 궁지에 몰리거나 사람들로부터 의심 받는 것을 말해요.

 오비이락이라고, 의심받을 만한 행동은 애초에 하질 말아야지.

 오비이락이라더니 평소에 동생이 잘 타던 자전거를 내가 한 번 탔는데 페달이 고장 나 버렸어.

오십보백보 ➡ 오십 보 도망친 사람이 백 보 도망친 사람을 비웃는다.

五 다섯 **오** 十 열 **십** 步 걸음 **보** 百 일백 **백** 步 걸음 **보**

오십 보 도망친 사람이나 백 보 도망친 사람이나 정도의 차이는 있을지라도 도망한 사실에는 차이가 없다는 말이에요. 즉, 조금 못나고 조금 잘난 차이는 큰 차이 없이 마찬가지라는 뜻을 가지고 있어요.

비슷한말

대동소이(大同小異) : 큰 차이가 없이 거의 같다는 뜻이에요.

 동수나 찬수나 축구 실력은 **오십보백보**야!

 동생이 잘못하긴 했지만 나도 잘못하기는 **오십보백보**이다.

온고지신 ➡ 옛것을 익히고 새것을 안다.

溫 익힐 **온** 故 옛 **고** 知 알 **지** 新 새 **신**

옛것을 바로 익혀야 그것을 바탕으로 새로운 지식을 익힐 수 있고 그것이 제대로 된 깨달음이 될 수 있다는 말이에요.

 온고지신의 마음으로 고전을 읽기 시작했어.

 온고지신의 정신을 바탕으로 우리의 전통을 이어 나가야 한다.

와신상담 ➡ 땔감 위에 누워 잠자고 쓸개를 맛본다.

臥 누울 **와**   薪 땔나무 **신**   嘗 맛볼 **상**   膽 쓸개 **담**

원수를 갚거나 계획한 일을 이루기 위해
온갖 괴로움을 참고 견딘다는 말이에요.

비슷한말

회계지치(會稽之恥) : 마음 깊이 새겨져 있는 치욕을 비유하는 말이에요.

 꼴찌만 하던 팀이 **와신상담** 끝에 드디어 1등을 했어.

 비록 실패했지만 **와신상담**하여 꼭 다시 일어설 거야.

외유내강 ➡ 겉은 부드러우나 안은 강하다.

外 바깥 **외**   柔 부드러울 **유**   內 안 **내**   剛 굳셀 **강**

겉모습은 순하고 부드러워 보이지만 속마음은
강한 의지를 가지고 있는 사람을 가리켜 하는 말이에요.

반대말

내유외강(內柔外剛) : 겉은 강해 보이지만 속은 부드럽다는 뜻이에요.

 은수는 온순해 보이지만 **외유내강**이라고 성격이 강직해.

 믿음직한 친구들을 보면 대체로 **외유내강**인 경우가 많아.

용두사미 ➡ 머리는 용이고 꼬리는 뱀이다.

龍 용 **용**   頭 머리 **두**   蛇 뱀 **사**   尾 꼬리 **미**

시작은 거창하게 좋았지만 갈수록 나빠져서
끝은 형편없어지는 것을 비유하는 말이에요.

반대말
시종일관(始終一貫) : 처음부터 끝까지 변함없이 한결같다는 뜻이에요.

 기대했던 드라마가 **용두사미**로 막을 내려 아쉬워요.
 시도는 좋았지만 **용두사미**에 그치고 말았다.

우유부단 ➡ 너무 부드러워 잘라서 끊지 못한다.

優 넉넉할 **우**   柔 부드러울 **유**   不 아닐 **부**   斷 끊을 **단**

망설이기만 하고 결정적인 판단을 할 때
딱 잘라서 결단을 내리지 못하는 것을
가리키는 말이에요. 어떤 일을 할 때 맺고
끊지 못하는 성품을 가리킬 때도 쓰여요.

 우유부단한 성격을 고치기 위해서는 어떤 노력을 해야 할까?
 너의 그 **우유부단**한 태도 때문에 무척 답답해!

우이독경 → 소귀에 경 읽기

牛 소 **우**   耳 귀 **이**   讀 읽을 **독**   經 경전 **경**

소의 귀에 경전을 읽어 준다고 알아들을 리 없지요. 이처럼 아무리 좋은 말을 가르치고 말해도 상대방이 알아듣지 못한다는 뜻이에요. 애써 알려 주어도 이해하지 못하는 상대를 비유할 때 쓰여요.

"**우이독경**으로 엄마 말을 듣지 않아서 혼이 났어요."

유비무환 ➡ 준비하면 근심이 없다.

有 있을 **유**　**備** 갖출 **비**　**無** 없을 **무**　**患** 근심 **환**

어떤 일을 하고자 할 때 미리 준비하고
대비책을 세우면 걱정이 없다는 말이에요.

비슷한말
거안사위(居安思危) : 편안할 때도 위태로울 때의 일을 생각한다는 뜻이에요.

 유비무환이라고 무슨 일이든 미리 준비하는 습관을 가져야 해.

 유비무환이니 장마철에는 일기 예보를 주의해서 들어야겠어.

이구동성 ➡ 입은 다르지만 하는 말은 같다.

異 다를 **이**　**口** 입 **구**　**同** 같을 **동**　**聲** 소리 **성**

다른 입에서 같은 소리가 난다는 뜻으로,
여러 사람의 의견이 한결같고 일치하는 것을 말해요.

비슷한말
이구동음(異口同音) : 여러 사람이 똑같은 말을 하는 것을 가리켜요.

 사람들이 **이구동성**으로 그 집 음식은 최고라고 칭찬했다.

 모두 목소리를 높여 **이구동성**으로 구호를 외쳤다.

이실직고 ➡ 사실 그대로 알린다.

以 써 **이**　實 열매 **실**　直 곧을 **직**　告 알릴 **고**

사실을 거짓 없이 그대로 말하는 것을 뜻해요.
오해 받는 일이 생겼다면 이실직고를 해야 해요.

 이제라도 그동안 네가 한 일에 대해서 사실대로 **이실직고**하면 용서해 줄게.

 그렇게 둘러대지만 말고 **이실직고**해!

이심전심 ➡ 마음에서 마음으로 전한다.

以 써 **이**　心 마음 **심**　傳 전할 **전**　心 마음 **심**

마음과 마음이 통해서 말이나 글로 전하지 않고도 서로 뜻이 통한다는 말이에요.

비슷한말

염화시중(拈華示衆) : 말이나 글이 아닌, 마음으로 뜻을 전한다는 뜻이에요.

 우리는 **이심전심**으로 마음이 통해서 같이 놀면 항상 즐거워.

 참석한 모든 사람의 생각이 **이심전심**으로 통했다.

인과응보 ➡ 원인과 결과에는 합당한 이유가 있다.

因 원인 **인**   果 결과 **과**   應 응할 **응**   報 갚을 **보**

어떤 일에 결과는 그러한 결과가 나올 수밖에 없는
원인과 이유가 있다는 뜻이에요. 스스로 행동한 대로
대가를 받는 것은 당연한 일이지요.

 친구들을 그렇게 따돌리더니 친한 친구가 하나도 없는 건
바로 **인과응보**야!

 나쁜 짓을 한 사람이 벌을 받는 것은 **인과응보**이다.

일거양득 ➡ 한 가지 일로 두 가지를 얻는다.

一 한 **일**   擧 들 **거**   兩 두 **양**   得 얻을 **득**

운동을 하면 건강해지고 살도 빠지는 것처럼
한 가지 일을 하여 두 가지 이익을 얻는 것을 말해요.

비슷한말

일석이조(一石二鳥) : 한 번의 노력으로 두 가지 이득을 본 것을 뜻해요.

 꿩 먹고 알 먹는다는 속담은 **일거양득**의 뜻과 같다.

 독서는 인성도 기르고 지식도 쌓는 **일거양득**의 효과가 있다.

일목요연 ➡ 한눈에 알아볼 수 있게 밝고 뚜렷하다.

一 한 **일**　目 눈 **목**　瞭 밝을 **요**　然 그럴 **연**

한 번만 보면 금방 알 수 있을 만큼 분명하고 뚜렷하다는 뜻이에요. 한눈에 알아볼 수 있게 정리가 잘 된 것을 가리키기도 해요.

 모둠에서 조사한 내용을 **일목요연**하게 표로 정리했다.

 선생님께서 **일목요연**하게 설명해 주셔서 쉽게 이해할 수 있었다.

일석이조 ➡ 돌 하나를 던져 두 마리 새를 잡는다.

一 한 **일**　石 돌 **석**　二 두 **이**　鳥 새 **조**

한 가지 일을 하여 두 가지 이익을 얻는 것을 뜻해요. 적은 노력으로 큰 성과를 이루었을 때 쓸 수 있는 고사성어예요.

비슷한말

일거양득(一擧兩得) : 한 가지 일을 하여 두 가지 이익을 얻는 것을 뜻해요.

 바자회에서 안 입는 옷도 처분하고, 수익금으로 어려운 사람도 도우니 **일석이조**네.

 이 음식은 맛있는데 몸에도 좋다고 하니 **일석이조**이다.

일장일단 ➡ 장점이 있으면 단점도 있다.

一 한 **일**   長 길 **장**   一 한 **일**   短 짧을 **단**

어떤 일에 장점이 있으면 단점도 존재한다는 말이에요.
그래서 사람이든 일이든 장점만 보거나 단점만 보고
판단하면 오류를 범할 수 있어요.

 누구에게나 **일장일단**이 있기 마련이야.

 두 팀의 주장을 듣고 보니 모두 **일장일단**이 있어서
이번 안건은 다수결로 정하는 게 좋겠어.

일취월장 ➡ 날마다 달마다 발전해 나간다.

日 날 **일**   就 나아갈 **취**   月 달 **월**   將 장차 **장**

하루가 가고 한 달이 지날수록 크게 나아가
발전한다는 뜻이에요. 시간이 갈수록 좋아지고
많은 것을 이루어 나가는 모습을 표현한 말이에요.

 세아는 줄넘기를 잘 못했는데 지금은 **일취월장**하여
우리 반에서 제일 잘한다.

 영어를 잘 못했던 내가 **일취월장**하여 외국인과 대화를 하게 되었어.

자가당착 ➡ 스스로 부딪치기도 하고 붙기도 한다.

自 스스로 **자**   家 집 **가**   撞 부딪칠 **당**   着 붙을 **착**

스스로에게 부딪치며 싸우기도 하고 붙기도 하는 모순된 상황을 표현하는 말이에요. 즉, 같은 사람의 말과 행동이 앞뒤가 맞지 않은 모습을 가리켜요. 또 문장의 앞뒤가 서로 모순될 때도 쓰여요.

"외모를 안 본다면서 잘생긴 사람이 좋다는 건 **자가당착**이에요."

자초지종 ➡ 처음부터 끝까지

自 스스로 **자**   初 처음 **초**   至 이를 **지**   終 마칠 **종**

일의 처음부터 끝까지의 전체 과정을 일컫는 말이에요.
'자초지종을 말하다', '자초지종을 밝히다',
'자초지종을 묻다' 등으로 표현해요.

 어떻게 된 일인지 **자초지종**을 말해 봐.

 그는 나에게 울면서 **자초지종**을 낱낱이 말하기 시작했어요.

자포자기 ➡ 자신을 스스로 해치고 버린다.

自 스스로 **자**   暴 사나울 **포**   自 스스로 **자**   棄 버릴 **기**

절망에 빠져 자신을 돌보지 않고 포기하는 것을 말해요.
남을 해치고 함부로 대하는 것도 나쁘지만
자신을 해치거나 미래를 포기하는 것도
정의롭지 못한 행동이에요.

 언니는 시험에 떨어졌다는 소식을 듣고 **자포자기**하며
의기소침해졌다.

 앞으로 아무리 힘든 일이 있더라도 **자포자기**하면 안 돼!

작심삼일 ➡ 마음을 먹은 지 삼 일을 넘기지 못한다.

作 만들 **작**　心 마음 **심**　三 석 **삼**　日 날 **일**

결심한 계획이 사흘을 넘기지 못하고
흐지부지해지는 것을 말해요. 계획을 세우지만
오래 지나지 않아 그 마음이 시들해지는 것을
가리키는 말이에요.

 많은 사람이 새해가 되면 여러 계획을 세우는데
작심삼일로 끝나는 경우가 많아요.

 다이어트하고 싶은데 항상 **작심삼일**이 되고 만다.

적반하장 ➡ 도둑이 도리어 매를 든다.

賊 도둑 **적**　反 뒤집을 **반**　荷 규탄할 **하**　杖 지팡이 **장**

도둑이 매를 들고 주인에게 대드는 것처럼
잘못한 사람이 반성하기는커녕 아무 잘못도
없는 사람을 나무란다는 뜻이에요.

 적반하장도 유분수지, 일본은 독도가 자기들 땅이라고 한다.

 적반하장이라더니 친구는 빌려 입은 옷을 망가뜨려 놓고는
옷이 너무 작았다면서 투덜댔다.

전전긍긍 ➡ 몹시 두려워서 떨며 조심한다.

戰 두려워할 전 戰 두려워할 전 兢 조심할 긍 兢 삼갈 긍

겁을 먹고 두려워서 몸을 떨며 움츠린다는 뜻으로,
어떤 위기감에 절박해진 마음을 비유하는 말이에요.

비슷한말

소심익익(小心翼翼) : 작은 일에도 겁을 내는 모양을 일컫는 말이에요.

 내 비밀을 누군가에게 들킬까 봐 **전전긍긍**했다.

 다투는 두 친구 사이에서 난 이러지도 저러지도 못한 채 **전전긍긍**하고 있었어.

전화위복 ➡ 재앙이 바뀌어 복이 된다.

轉 구를 전 禍 재앙 화 爲 할 위 福 복 복

불행한 일도 해결하기 위해 끊임없이 노력하고
의지를 보이면 행복으로 바꿀 수 있다는 말이에요.

 지금의 어려움을 **전화위복**의 기회로 삼아야 해.

 그때의 실패가 **전화위복**이 되어서 더 잘할 수 있었어요.

조삼모사 ➡ 아침에 세 개, 저녁에 네 개

朝 아침 **조**　三 석 **삼**　暮 저물 **모**　四 넉 **사**

원숭이 먹이를 아침에 세 개, 저녁에 네 개를 주었더니 원숭이들이 적다고 화를 냈어요. 그래서 아침에 네 개, 저녁에 세 개를 주니 좋아했다고 해요. 눈앞의 차이만 아는 어리석음이나 간사한 꾀로 남을 속이는 것을 뜻해요.

 조삼모사처럼 눈앞의 이익에만 급급한 사람들이 있다.

 조삼모사식의 방법으로는 문제를 해결하기 어려우니 근본적인 대책이 필요해요.

좌불안석 ➡ 자리에 편안하게 앉지 못한다.

坐 앉을 **좌**　不 아닐 **불**　安 편안할 **안**　席 자리 **석**

앉아 있어도 자리가 편하지 않다는 뜻이에요. 불안하고 걱정스러워서 한자리에 편안하게 있지 못하고 안절부절못하는 모습을 이르는 말이에요.

 옆에서 친구들이 싸우니 그 사이에서 나는 바늘방석에 앉은 것처럼 **좌불안석**이었다.

 엄마는 식구들 걱정에 항상 **좌불안석**하며 살아오셨다.

주객전도 ➡ 주인과 손님이 뒤바뀌었다.

主 주인 **주**　客 손님 **객**　顚 뒤집힐 **전**　倒 넘어질 **도**

손님이 주인처럼 행동하고, 주인은 손님처럼
행동하듯 역할이나 입장이 뒤바뀐 모습을
가리키는 말이에요. 주가 되는 것과 부수적인 것이
순서나 차례가 바뀐 것을 뜻해요.

 주객전도라더니 사과를 받아야 할 사람이 사과를 하고 있군.

 주객전도된 것처럼 친구가 우리 집을 제집처럼 오간다.

죽마고우 ➡ 대나무 말을 타고 놀던 옛 친구

竹 대나무 **죽**　馬 말 **마**　故 옛 **고**　友 벗 **우**

어릴 때부터 함께 놀며 친하게 지내면서
자란 오래된 친구를 말해요.

비슷한말

죽마지우(竹馬之友) : 어릴 때부터 같이 놀던
소꿉친구를 이르는 말이에요.

 죽마고우라 해도 지켜야 할 예절이 있는 법이야!

 죽마고우였던 친구와 사소한 오해로 헤어지고 말았어.

중구난방 ➡ 여러 사람의 입을 막기 어렵다.

衆 무리 **중**   口 입 **구**   難 어려울 **난**   防 막을 **방**

막기 어려울 정도로 여러 사람이 떠들어 대는 것을 말하며, 많은 사람이 제각각 자기 의견만 내세우는 것을 뜻해요. 일을 제대로 해결하려면 자기 의견만 고집하기보다는 잘 듣고 지혜롭게 판단하는 것이 중요해요.

"아이들이 여기저기서 중구난방으로 떠들어 댔어요."

중언부언 ➡ 거듭 말하고 다시 말한다.

重 거듭할 중　言 말씀 언　復 다시 부　言 말씀 언

같은 말을 자꾸 되풀이하는 것을 뜻해요.
주로 핵심이 없는 말에 설명을 덧붙이면서
돌려서 말하거나 혼자 주절대는 모습을 가리켜요.

 자꾸 **중언부언**하지 말고 하고 싶은 말을 해!

 글은 **중언부언**하기보다 간결하게 쓰는 게 좋아요.

천고마비 ➡ 하늘은 높고 말은 살찐다.

天 하늘 천　高 높을 고　馬 말 마　肥 살찔 비

하늘이 맑아서 높게 보이고 온갖 곡식이 익는
풍요로운 가을을 이르는 말이에요.

비슷한말

등화가친(燈火可親) : 선선한 가을 저녁에는 등잔불을 켜고 책을 읽기에 좋다는 뜻이에요.

 천고마비의 계절은 놀기도 좋고 책 읽기에도 좋다.

 가을은 **천고마비**의 계절이라더니 내 식욕이 왕성해져서 다이어트를 시작해야겠어.

천군만마 ➡ 천 명의 군사와 만 마리의 말

千 일천 **천**   軍 군사 **군**   萬 일만 **만**   馬 말 **마**

아주 많은 수의 군사와 군마를 이르는 말로,
큰 규모의 군대, 강력한 군사력을 의미해요.
또 이와 같은 큰 자신감을 비유하기도 해요.

 회장 선거에서 네가 나를 이렇게 믿어 주고 도와주니 **천군만마**를 얻은 것 같아.

 실망해 있던 나에게 합격 소식은 **천군만마**와 같은 큰 힘이 되었다.

청천벽력 ➡ 맑은 하늘에 벼락

靑 푸를 **청**   天 하늘 **천**   霹 벼락 **벽**   靂 벼락 **력**

맑게 갠 하늘에 갑자기 떨어진 벼락이라는 뜻으로,
뜻밖에 일어난 큰 사건이나 사고를 일컫는 말이에요.

 엄마는 **청천벽력** 같은 소식을 듣고 눈물을 흘리셨다.

 청천벽력 같은 이야기를 들었지만 나는 침착하게 마음을 가라앉혔다.

청출어람 ➡ 쪽에서 청색이 나온다.

靑 푸를 **청**   出 날 **출**   於 어조사 **어**   藍 쪽 **람**

쪽(염료로 쓰이는 식물)에서 나온 푸른 물감이 쪽보다 더 푸른 색이에요. 제자나 후배가 스승이나 선배보다 나은 것을 비유하는 말이에요.

 제자가 스승보다 실력이 나은 걸 보니 **청출어람**이군.

 청출어람해서 선생님께 멋진 모습을 보여 드려야지!

초지일관 ➡ 처음의 뜻을 한결같이 꿰뚫는다.

初 처음 **초**   志 뜻 **지**   一 한 **일**   貫 꿸 **관**

처음에 세운 뜻을 끝까지 밀고 나가는 것을 뜻해요. 변함없이 한결같음을 비유하는 말이에요.

비슷한말

일이관지(一以貫之) : 하나의 이치로 모든 것을 꿰뚫는다는 뜻이에요.

 목표를 달성하려면 **초지일관**의 자세가 필요하다.

 초지일관으로 승부하면 반드시 이길 수 있을 거야.

칠전팔기 ➡ 일곱 번 넘어지면 여덟 번 일어난다.

七 일곱 **칠**   顚 넘어질 **전**   八 여덟 **팔**   起 일어날 **기**

여러 차례 실패해도 포기하지 않고 꾸준히 노력하는 것을 이르는 말이에요.

 비록 이번에는 탈락했지만 안 되면 될 때까지 노력하는 **칠전팔기**의 정신으로 다시 도전할 거야!

 칠전팔기 끝에 케이크 만들기에 성공했어.

타산지석 ➡ 다른 산의 돌

他 다를 **타**   山 메 **산**   之 갈 **지**   石 돌 **석**

다른 산에서 나는 나쁜 돌이라도 내가 가지고 있는 옥을 가는 데 쓸 수 있어요. 다른 사람의 말과 행동이 내 자신을 갈고닦는 데 도움이 된다는 말이에요.

비슷한말

반면교사(反面敎師): 다른 사람이나 사물의 부정적인 면에서 얻은 깨달음이나 가르침을 주는 대상을 이르는 말이에요.

 사람들의 언행을 **타산지석**으로 삼아야 한다.

 우리나라의 발전은 다른 나라에서 **타산지석**이 되고 있다.

탁상공론 ➡ 탁상 위에서 나누는 빈 이론

卓 탁상 **탁**   上 윗 **상**   空 빌 **공**   論 논할 **론**

현실은 생각하지 않고 책상 위에서 나누는
쓸데없는 이론을 말하며, 현실적이지 못한
허황된 이론을 가리켜요.

 날마다 모여서 **탁상공론**만 하지 말고 문제를 해결할 수 있는
현실적인 방안을 생각해 보자!

 그들 이야기는 이루어질 수 없는 **탁상공론**에 불과해.

토사구팽 ➡ 토끼를 잡으면 사냥하던 개는 삶아 먹는다.

兎 토끼 **토**   死 죽을 **사**   狗 개 **구**   烹 삶을 **팽**

토끼가 죽으면 토끼를 사냥하던 사냥개도
필요 없게 되어 잡아먹히게 된다는 말이에요.
필요할 때는 쓰고 쓸모가 없어지면 가혹하게
버려진다는 뜻이에요.

 친한 친구였던 네가 어떻게 나를 **토사구팽**할 수 있어?

 그는 오랫동안 함께 했던 팀에서 **토사구팽**을 당했다.

파죽지세 ➡ 대나무를 쪼개는 듯한 기세

破 깨뜨릴 **파** 竹 대나무 **죽** 之 갈 **지** 勢 기세 **세**

대나무는 위쪽에서 칼로 쪼개면 결을 따라 쉽게 쪼개지는 성질이 있어요. 이처럼 세력이 강해서 거침없이 나아가는 맹렬한 기세를 뜻해요. 또 힘이나 실력이 뛰어나 상대를 만날 때마다 쉽게 무너뜨리는 것을 가리켜요.

"씨름 대회에서 파죽지세로 1등을 차지했어요."

팔방미인 ➡ 여덟 방면에서 아름다운 사람

八 여덟 **팔**   方 방향 **방**   美 아름다울 **미**   人 사람 **인**

여러 방면에서 뛰어난 재주를 갖춘
사람을 이르는 말이에요. '미인'이라 해서
여성만 뜻하는 것은 아니랍니다.

 팔방미인이 되려면 어떤 것이든 잘하려고 노력해야 한다.

 요즘 연예인들은 하나만 잘해서는 안 되고
다방면에서 뛰어난 **팔방미인**이어야 한다.

학수고대 ➡ 학처럼 머리를 빼고 몹시 기다린다.

鶴 학 **학**   首 머리 **수**   苦 괴로울 **고**   待 기다릴 **대**

긴 목을 가진 학처럼 머리를 빼고 기다리는
모습을 비유해서 사람이나 무언가를
간절히 기다릴 때 쓰는 말이에요.

 가지고 싶었던 것을 아빠께 생일 선물로 받을 생각에
생일날을 **학수고대**하고 있다.

 학수고대하며 기다렸는데 결국 그는 오지 않았다.

함흥차사 ➡ 한 번 가면 아무런 소식이 없다.

咸 다 **함**   興 일어날 **흥**   差 어긋날 **차**   使 부릴 **사**

심부름을 간 사람이 소식이 없거나 어떤 소식도 전해 오지 않을 때 쓰는 말이에요. 함흥차사는 함흥에 보낸 사신은 가면 아무 소식이 없다는 태조 이성계의 이야기에서 유래한 고사성어예요.

 며칠 전 상대편에 보낸 도전장은 아직도 **함흥차사**이다.

 친구들이 올 때가 지났는데 아직 **함흥차사**야.

형설지공 ➡ 반딧불과 눈으로 이룬 공

螢 반딧불이 **형**   雪 눈 **설**   之 갈 **지**   功 공 **공**

전기가 없던 시절에는 반딧불을 이용하거나 새하얀 눈에 달빛을 반사시켜 글을 읽었다고 해요. 어려운 처지에서도 부지런히 공부하는 자세를 가리켜요.

 형설지공으로 공부해야 목표를 이룰 수 있어.

 시험에 떨어졌다고 낙심하지 말고, **형설지공**하는 자세로 다시 노력하면 못할 게 없어.

호가호위 ➡ 여우가 호랑이의 위세를 빌린다.

狐 여우 **호**　假 빌릴 **가**　虎 범 **호**　威 위엄 **위**

능력이나 실력이 없는 사람이 다른 사람의
세력을 빌려 위세를 부릴 때 쓰는 말이에요.
다른 사람의 힘을 빌리기보다 자신의 실력을
쌓는 데 노력을 기울여야 해요.

 나쁜 친구들 사이에서 **호가호위**한 것이 후회가 돼.

 그는 형의 힘을 믿고 **호가호위**하고 다닌다.

호연지기 ➡ 온 세상에 가득 찬 넓고 큰 기운

浩 넓을 **호**　然 그럴 **연**　之 갈 **지**　氣 기운 **기**

맹자는 '호연지기'란 하늘과 땅 사이에 가득 찬 기운이며,
이 기운은 의로운 일을 할 때 생기고 양심에 어긋나는 일을
하면 사라진다고 말했어요. 이처럼 호연지기는 양심에
어긋나지 않고 조금의 부끄러움도 없는 용기를 말해요.

 호연지기를 기르기 위한 수련 활동에 참가하기로 했다.

 맹자는 **호연지기**를 가진 사람을 '대장부'라고 불렀어요.

홍일점 ➡ 하나의 붉은 점

紅 붉을 **홍**   一 한 **일**   點 점 **점**

푸른 잎 속에 피어 있는 한 송이 붉은 꽃이라는 뜻이에요.
여러 명의 남자 가운에 있는 한 사람의 여자를
비유해서 일컫는 말이에요.

반대말

청일점(靑一點) : 많은 여자 가운데 있는 한 사람의 남자를 가리켜요.

 수학 학원에서 희선이는 **홍일점**이다.

 농구부의 **홍일점** 미현이가 마지막 한 골을 성공시켰다.

화룡점정 ➡ 용의 눈동자를 그린다.

畫 그림 **화**   龍 용 **룡**   點 점 **점**   睛 눈동자 **정**

용을 그릴 때 마지막으로 눈동자를 그려 넣어요.
이처럼 어떤 일을 할 때 중요한 부분을 마무리함으로써
일을 완벽하게 끝내고 완성한다는 뜻이에요.

 놀이공원의 **화룡점정**인 롤러코스터는 꼭 타야 해.

 저녁 식사의 **화룡점정**은 맛있는 아이스크림이지.

환골탈태 ➡ 뼈를 바꾸고 태를 빼앗는다.

換 바꿀 **환**　**骨** 뼈 **골**　**奪** 빼앗을 **탈**　**胎** 아이 밸 **태**

시나 문장이 다른 사람의 손을 거쳐 완전히
새로워졌을 때 쓰는 말이었어요. 지금은 외모나
마음가짐이 놀라울 정도로 아름답게 바뀌었을 때 쓰여요.

 오랫동안 버려졌던 공간이 멋진 쉼터로 **환골탈태**했어.

 환골탈태할 각오로 이번 다이어트는 꼭 성공하고 말겠어!

희로애락 ➡ 기쁨과 노여움, 슬픔과 즐거움

喜 기쁠 **희**　**怒** 성낼 **로**　**哀** 슬플 **애**　**樂** 즐길 **락**

세상을 살다 보면 기쁜 일도 있고, 슬픈 일도 있고,
때론 화가 나는 일도 있지요. 희로애락은 우리가
생활하며 겪게 되는 온갖 감정을 대표적으로
표현하는 말이에요.

 준수는 변덕스러울 만큼 **희로애락**이 얼굴에 그대로 나타난다.

 가족은 한 지붕 아래 같이 살기 때문에 **희로애락**을 함께해야 한다고 생각해.

찾아보기

가가호호 246
가는 날이 장날 130
가는 떡이 커야 오는 떡이 크다 131
가는 말이 고와야 오는 말이 곱다 131
가는 정이 있어야 오는 정이 있다 131
가닥을 잡다 12
가랑비에 옷 젖는 줄 모른다 131
가랑잎으로 눈 가리고 아웅 한다 158
가랑잎이 솔잎더러
　바스락거린다고 한다 132, 206
가면을 벗다 13
가면을 쓰다 13
가뭄에 콩 나듯 한다 132
가슴에 새기다 13
가슴이 벅차다 14
가슴이 벅차오르다 14
가시가 돋다 14
가재는 게 편 133
가지 많은 나무에 바람 잘 날이 없다 133
가타부타 말이 없다 15
각골난망 247, 250

각광을 받다 15
각주구검 247
각축을 벌이다 16
간담이 서늘하다 16
간에 가 붙고 쓸개에 가 붙는다 134
간에 붙었다 쓸개에 붙었다 한다 134
간이 서늘하다 16
간이 콩알만 해지다 17
갈수록 태산이다 134
갈피를 못 잡다 17
갈피를 잡지 못하다 17
감나무 밑에 누워서
　홍시 떨어지기를 기다린다 135
감언이설 248, 269
감투를 쓰다 18
같은 값이면 다홍치마 135
개과천선 248
개구리 올챙이 적 생각 못 한다 136
개똥도 약에 쓰려면 없다 137
개미 쳇바퀴 돌듯 161
개밥에 도토리 137
개의치 말다 19

개의치 않다 19
개천에서 용 난다 138
거두절미 249
거미도 줄을 쳐야 벌레를 잡는다 138
거안사위 289
걱정이 태산이다 19
걷기도 전에 뛰려고 한다 139
겁에 질리다 20
겉 다르고 속 다르다 139
격세지감 249
견토지쟁 281
결초보은 247, 250
계륵 250
고개를 들다 20
고개를 숙이다 20
고군분투 251
고래 싸움에 새우 등 터진다 140
고배를 들다 21
고배를 마시다 21
고배를 맛보다 21
고생 끝에 낙이 온다 140
고슴도치도 제 새끼가 제일 곱다고 한다 141
고슴도치도 제 새끼는 함함하다고 한다 141

고양이 목에 방울 달기 141
고양이 쥐 생각 142
고양이한테 생선을 맡기다 143
고진감래 251
공든 탑이 무너지랴 143
공중누각 252
과유불급 253
관심을 끌다 15
관포지교 253
괄목상대 254
교언영색 248, 254
구관이 명관이다 144
구더기 무서워 장 못 담글까 144
구르는 돌은 이끼가 안 낀다 145
구름을 잡다 51
구미가 당기다 21
구미를 돋우다 21
구사일생 255
구색을 갖추다 22
구색을 맞추다 22
구슬이 서 말이라도 꿰어야 보배 145
군계일학 255
군말이 많으면 쓸 말이 적다 146
굼벵이도 구르는 재주가 있다 146
궁여지책 256

귀가 번쩍 뜨이다 22
귀가 얇다 23
귀를 기울이다 23
귀를 의심하다 24
귀에 걸면 귀걸이,
　코에 걸면 코걸이 147
귀에 딱지가 앉다 25
귀에 못이 박히다 25
귀한 자식 매 한 대 더 때린다 147
귀한 자식 매로 키워라 147
그릇도 차면 넘친다 162
그릇이 작다 25
그릇이 크다 25
긁어 부스럼을 만들다 26
금강산도 식후경 148
금상첨화 256, 275
금의환향 257
급한 불을 끄다 26
급히 먹는 밥이 목이 멘다 149
기가 막히다 27
기가 살다 27
기가 죽다 27
기가 차다 27
기고만장 257
기기도 전에 날기부터 하려 한다 139

기를 쓰다 28
기사회생 255, 258
기색이 역력하다 28
기선을 잡다 29
기선을 제압하다 29
기세등등 257
기승을 부리다 29
기탄없이 말하다 30
길고 짧은 것은 대어 보아야 안다 149
길든 짧든 대보아야 한다 149
길목에 서 있다 31
길흉화복 259
김칫국부터 마신다 169
까마귀 날자 배 떨어진다 150
까맣게 모르다 31
까맣게 잊다 31
깨가 쏟아지다 32
꼬리가 길면 밟힌다 150
꼬리를 감추다 32
꼬리를 물다 33
꼬리를 숨기다 32
꼬리를 잇다 33
꼬리에 꼬리를 물다 33
꼬투리를 잡다 33
꽁무니를 빼다 34

꽁무니를 쫓아다니다 34
꾸어다 놓은 보릿자루 151
꿈보다 해몽이 좋다 151
꿩 대신 닭 152
꿩 먹고 알 먹는다 152

ㄴ

낙숫물이 댓돌을 뚫는다 153
난관에 봉착하다 34
난다 긴다 하다 35
난형난제 259
날개 돋치다 35
날개를 달다 36
남의 손의 떡은 커 보인다 153
남의 잔치에 감 놓아라
 배 놓아라 한다 154
낫 놓고 기역 자도 모른다 155
낮말은 새가 듣고,
 밤말은 쥐가 듣는다 155
낯을 들다 20
낯이 두껍다 94
낯이 뜨겁다 37
내유외강 286
내 코가 석 자 156
냉수 먹고 이 쑤시기 156

너스레를 놓다 37
너스레를 떨다 37
너스레를 부리다 37
너스레를 피우다 37
넋을 잃다 38
넋이 나가다 38
넘어지면 코 닿을 데 213
넘어진 김에 쉬어 간다 213
노심초사 260
누울 자리 봐 가며 발을 뻗어라 157
누워서 침 뱉기 157
누이 좋고 매부 좋다 158
눈 가리고 아웅 158, 164
눈 감으면 코 베어 먹을 세상 159
눈 깜짝할 사이 38
눈도 깜짝 안 하다 39
눈독을 들이다 39
눈 딱 감다 40
눈 뜨고 코 베어 갈 세상 159
눈 밖에 나다 40
눈살을 찌푸리다 41
눈앞이 아득하다 41
눈앞이 캄캄하다 41
눈에 거슬리다 42
눈에 들다 40, 44

눈에 밟히다 43
눈에 불을 켜다 43
눈에 쌍심지를 켜다 43
눈에 차다 44
눈에 콩깍지가 씌었다 159
눈을 떠도 코 베어 간다 159
눈치를 보다 44
눈치를 살피다 44
눈코 뜰 사이 없다 45
눈 하나 깜짝 안 하다 39
늦게 배운 도둑이 날 새는 줄 모른다 160

ㄷ

다다익선 260
다 된 죽에 코 빠뜨린다 161
다 된 죽에 코 풀기 161
다람쥐 쳇바퀴 돌듯 161
다리 뻗고 자다 45
달걀로 바위 치기 162
달도 차면 기운다 162
달면 삼키고 쓰면 뱉는다 163
닭 잡아먹고 오리발 내놓기 164
닭 쫓던 개 지붕 쳐다보듯 164
닭 소 보듯, 소 닭 보듯 163
담쌓고 지내다 46

담을 쌓다 46
담을 지다 46
대기만성 261
대동소이 261, 285
대미를 장식하다 46
대세가 기울다 47
도둑이 제 발 저리다 165
도랑 치고 가재 잡기 165
도마 위에 오르다 47
도토리 키 재기 166
도화선이 되다 48
독불장군 262
돌다리도 두들겨 보고 건너라 167, 207
동고동락 262
동문서답 263
동병상련 263
동상이몽 264
되로 주고 말로 받는다 167
된서리를 맞다 49
될성부른 나무는
 떡잎부터 알아본다 168
두문불출 265
득달같이 달려오다 49
등골이 서늘하다 50
등골이 오싹하다 50

등을 돌리다 50
등을 지다 50
등잔 밑이 어둡다 168
등 치고 배 만진다 193
등화가친 301
딱 부러지다 51
땅 짚고 헤엄치기 169
떡 줄 사람은 꿈도 안 꾸는데
   김칫국부터 마신다 169
똥 묻은 개가 겨 묻은 개 나무란다 170
뛰는 놈 위에 나는 놈 있다 170
뜬구름 잡다 51

ㅁ

마른하늘에 날벼락 171
마음에 새기다 13
마음에 차다 44
마음을 먹다 52
마음이 무겁다 52
마이동풍 265
마파람에 게 눈 감추듯 171
막상막하 266
막역지우 253, 266
만반의 대비 53
만반의 준비 53

만반의 태세 53
말 안 하면 귀신도 모른다 172
말끝을 흐리다 53
말 뒤에 말이 있다 55
말문을 열다 54
말 속에 말 들었다 55
말에 가시가 있다 55
말에 뼈가 있다 55
말이 많으면 쓸 말이 적다 146
말이 씨가 된다 173
말 한마디에 천 냥 빚도 갚는다 173
맑은 하늘에 벼락 맞겠다 171
망둥이가 뛰면 꼴뚜기도 뛴다 205
맞은 놈은 펴고 자고,
   때린 놈은 오그리고 잔다 174
매도 먼저 맞는 놈이 낫다 174
맨발 벗고 나서다 67
맹모삼천 267
머리가 굵다 55
머리를 맞대다 56
머리를 모으다 56
머리를 식히다 56
머리칼이 곤두서다 57
머리털이 곤두서다 57
먼 사촌보다 가까운 이웃이 낫다 175

메뚜기도 유월이 한철이다 175
면목이 없다 57
모래 위에 선 누각 176
모래 위에 쌓은 성 176
모르면 약이요, 아는 게 병 176
모순 267
목구멍이 포도청 177
목마른 사람이 우물 판다 177
목소리를 낮추다 58
목소리를 높이다 58
목을 놓다 58
목이 메다 59
못된 송아지 엉덩이에 뿔이 난다 178
못 먹는 감 찔러나 본다 179
못을 박다 59
무릉도원 268
무릎을 치다 60
무소식이 희소식 179
무쇠도 갈면 바늘 된다 180
문전성시 268
문전작라 268
물거품이 되다 61, 123
물꼬를 트다 61
물 만난 고기 62
물망에 오르다 62

물불 안 가리다 63
물불을 가리지 않다 63
물에 빠지면 지푸라기라도 잡는다 180
물에 빠진 사람 건져 놓으니까
  내 봇짐 내라 한다 181
물이 깊어야 고기가 모인다 181
미꾸라지 한 마리가 온 웅덩이를
  흐려 놓는다 182
미꾸라지 한 마리가 한강 물을
  다 흐리게 한다 182
미사여구 269
미운 아이 떡 하나 더 준다 182
믿는 도끼에 발등 찍힌다 183
밑도 끝도 없이 63
밑 빠진 독에 물 붓기 183

바늘 가는 데 실 간다 184
바늘구멍으로 황소바람 들어온다 185
바늘 도둑이 소도둑 된다 185
바늘로 찔러도 피 한 방울 안 난다 186
바늘 방석에 앉은 것 같다 186
바늘 쌈지에서 도둑이 난다 185
바다는 메워도 사람의 욕심은
  못 채운다 187

바람을 맞다 64

반면교사 304

발 없는 말이 천 리 간다 187

발걸음이 가볍다 64

발걸음이 무겁다 64

발등에 불이 떨어지다 65

발 디딜 틈도 없다 65

발목을 잡다 66

발 벗고 나서다 67

발 뻗고 자다 45

발 뻗을 자리를 보고 누우랬다 157

발이 넓다 67

발이 떨어지지 않다 68

발이 묶이다 68

발이 좁다 67

방귀 뀐 놈이 성낸다 188

배꼽을 빼다 69

배꼽을 잡다 69

배꼽을 쥐다 69

배를 불리다 69

배를 채우다 69

배보다 배꼽이 더 크다 188

배짱을 내밀다 70

배짱을 부리다 70

백문불여일견 269

백문이 불여일견 189

백 번 듣는 것이
    한 번 보는 것만 못하다 189

백전백승 270

백지장도 맞들면 낫다 189

뱁새가 황새를 따라가면
    다리가 찢어진다 190

뱃속을 채우다 69

번갯불에 콩 볶아 먹겠다 191

범 무서워 산에 못 가랴 191

벼는 익을수록 고개를 숙인다 192

벼룩의 간을 내먹는다 192

벼 이삭은 익을수록 고개를 숙인다 192

변덕이 죽 끓듯 하다 70

별 볼 일 없다 71

병 주고 약 준다 193

병아리 눈물만큼 71

보고 못 먹는 것은 그림의 떡 193

보기 좋은 떡이 먹기도 좋다 194

보는 눈이 있다 72

볼 장 다 보다 73

봉 아니면 꿩이다 152

부뚜막의 소금도 집어넣어야 짜다 194

부모 말을 들으면
    자다가도 떡이 생긴다 195

불난 집에 부채질한다 195
불똥을 맞다 73
불똥이 떨어지다 65
불똥이 튀다 73
불을 보듯 뻔하다 74
불을 보듯 훤하다 74
비 온 뒤에 땅이 굳어진다 196
빈 수레가 요란하다 197
빈대 잡으려고
　초가삼간 태운다 197
빈축을 사다 74
빙산의 일각 75
빛 좋은 개살구 198
빛을 발하다 75
빛을 보다 75
뼈에 사무치다 76
뼈에 새기다 13
뿌리를 뽑다 76
뿌린 대로 거둔다 198

ㅅ

사공이 많으면 배가 산으로 간다 199
사냥 가는 데 총 놓고 간다 199
사냥 가는 데 총을 안 가지고
　가는 것과 같다 199

사돈 남 나무란다 200
사돈 남 말한다 200
사람은 얼굴보다
　마음이 고와야 한다 200
사면초가 271
사상누각 271
사생취의 272
사촌이 땅을 사면 배가 아프다 201
사필귀정 272
사활을 걸다 77
산통을 깨다 77
살신성인 272
살얼음 위를 걷다 78
삼고지례 273
삼고초려 273
삼라만상 273
새옹지마 274
색안경을 쓰다 79
서당 개 삼 년에
　풍월을 읊는다 201
서슬이 시퍼렇다 79
서슬이 퍼렇다 79
서슬이 푸르다 79
선견지명 274
선을 긋다 80

설상가상 256, 275
성심성의 254
성에 안 차다 80
성에 차다 80
세 살 적 버릇 여든까지 간다 202
세상을 떠나다 81
세상을 뜨다 81
세상을 하직하다 81
소 잃고 외양간 고친다 203
소매를 걷어붙이다 116
소문난 잔치에 먹을 것 없다 203
소심익익 297
소탐대실 275
속을 태우다 82
속이 깊다 81
속이 넓다 81
속이 타다 82
손꼽아 기다리다 82
손끝이 맵다 85
손발이 맞다 83
손에 땀을 쥐다 83
손에 익다 84
손을 끊다 85
손을 놓다 85
손을 떼다 85

손이 맵다 85
손이 작다 86
손이 크다 86
쇠귀에 경 읽기 204
쇠똥도 약에 쓰려면 없다 137
쇠뿔도 단김에 빼랬다 204
수박 겉 핥기 205
수수방관 276
수어지교 277
숨을 죽이다 86
숨이 막히다 87
숭어가 뛰니까 망둥이도 뛴다 205
숯이 검정 나무란다 206
승승장구 277
시시비비 278
시시비비를 가리다 100
시작이 반이다 206, 229
시종일관 287
실낱같은 희망 87
실오라기 같은 희망 87
심사숙고 278
십상팔구 279
십중팔구 279
싼 것이 비지떡 207
쓴맛을 보다 88

ㅇ

아는 길도 물어 가랬다 167, 207
아니 땐 굴뚝에 연기 날까 208
아닌 밤중에 홍두깨 209
아이 보는 데는 찬물도 못 먹는다 209
아전인수 279, 283
안면을 몰수하다 88
안면을 바꾸다 88
안분지족 280
안빈낙도 280
안중에도 없다 89
안하무인 280
앓던 이 빠진 것 같다 210
애가 닳다 89
애가 타다 89
애를 태우다 89
약방에 감초 210
얌전한 고양이 부뚜막에
　먼저 올라간다 211
어깃장을 놓다 90
어깨가 가볍다 91
어깨가 무겁다 91
어깨너머로 배우다 91
어깨를 겨루다 92
어깨를 견주다 92

어깨를 나란히 하다 92
어른 말을 들으면
　자다가도 떡이 생긴다 195
어물전 망신은 꼴뚜기가 시킨다 211
어부지리 281
어안이 막히다 92
어안이 벙벙하다 92
어이없다 93
어처구니가 없다 93
억지 춘향으로 93
언감생심 281
언 발에 오줌 누기 212
언중유골 282
언행일치 283
얼굴 가죽이 두껍다 94
얼굴을 들다 20
얼굴이 두껍다 94
얼굴이 뜨겁다 37
엄포를 놓다 94
엎드려 절 받기 212
엎어지면 코 닿을 데 213
엎어진 김에 쉬어 간다 213
역지사지 279, 283
열 길 물속은 알아도
　한 길 사람 속은 모른다 214

열 번 찍어 안 넘어가는 나무 없다 215
열 손가락 깨물어
   안 아픈 손가락 없다 215
열을 올리다 56
염화시중 290
오르지 못할 나무는
   쳐다보지도 마라 216
오리무중 284
오비이락 284
오십보백보 261, 285
오얏나무 아래서
   갓끈을 고쳐 매지 마라 150
오이 덩굴에 오이 열리고,
   가지 나무에 가지 열린다 231
온고지신 285
와신상담 286
왈가왈부하다 15
외길을 걷다 95
외유내강 286
용두사미 287
우물 안 개구리 216
우물에 가 숭늉 찾는다 217
우물을 파도 한 우물을 파라 217
우유부단 287
우이독경 265, 288

울며 겨자 먹기 218
웃는 낯에 침 못 뱉는다 218
원님 덕에 나팔 분다 219
원수는 외나무다리에서 만난다 219
원숭이도 나무에서 떨어진다 220
윗물이 맑아야 아랫물이 맑다 221
유례가 없다 95
유비무환 289
유종의 미를 거두다 96
으름장을 놓다 94
음지가 양지 되고,
   양지가 음지 된다 225
이구동성 289
이구동음 289
이를 악물다 97
이름난 잔치 배고프다 203
이실직고 290
이심전심 290
인과응보 291
일거양득 291, 292
일단락을 짓다 97
일목요연 292
일석이조 291, 292
일이관지 303
일장일단 293

일취월장 254, 293
일침을 가하다 98
일침을 놓다 98
입에 쓴 약이 병에는 좋다 221
입에 쓴 약이 병을 고친다 221
입을 모으다 98
입이 가볍다 99
입이 광주리만 해도 말 못 한다 222
입이 닳다 110
입이 떨어지지 않다 99
입이 마르다 110
입이 무겁다 99
입이 열 개라도 할 말이 없다 222

ㅈ

자가당착 267, 294
자기 얼굴에 침 뱉기 157
자다가 봉창 두드린다 222
자라 보고 놀란 가슴 솥뚜껑 보고 놀란다 223
자초지종 295
자취를 감추다 100
자포자기 295
작심삼일 296
작은 고추가 더 맵다 223

잘잘못을 따지다 100
장님 코끼리 만지는 격 216
재간이 없다 101
재주는 곰이 넘고, 돈은 주인이 받는다 224
적반하장 296
전전긍긍 297
전철을 밟다 101
전화위복 274, 297
절하고 뺨 맞는 일 없다 218
젊어 고생은 사서도 한다 224
정곡을 찌르다 102
정신이 팔리다 103
제 꾀에 제가 넘어간다 225
제동을 걸다 103
제 딴죽에 제가 넘어졌다 225
조삼모사 298
조예가 깊다 104
종종걸음을 놓다 104
종종걸음을 치다 104
종지부를 찍다 105
좌불안석 298
주객전도 299
주목을 끌다 105
주목을 받다 15, 105

죽마고우 299
죽마지우 299
줄행랑을 놓다 106
줄행랑을 치다 106
줏대가 없다 106
줏대가 있다 106
중구난방 300
중언부언 301
쥐구멍에도 볕 들 날 있다 225
지렁이도 밟으면 꿈틀한다 226
지성이면 감천 227
진퇴양난 271
진풍경을 연출하다 107
진풍경이 벌어지다 107
짚신도 제짝이 있다 227
찔러도 피 한 방울 안 난다 186

ㅊ

차일피일 미루다 107
찬물도 위아래가 있다 228
찬물을 끼얹다 108
참새가 방앗간을 그저 지나랴 228
처녀가 아이를 낳아도
  할 말이 있다 235
천고마비 301

천군만마 302
천 리 길도 한 걸음부터 229
첫술에 배부르랴 229
청일점 310
청천벽력 302
청출어람 303
초록동색 263
초록은 동색이다 133
초심고려 260
초지일관 303
촉각을 곤두세우다 109
촉각을 다투다 109
총대를 메다 110
추우면 다가들고
  더우면 물러선다 163
출중 255
친구 따라 강남 간다 230
칠전팔기 304
침이 마르다 110
칭찬이 자자하다 111

ㅋ

칼로 물 베기 230
코가 납작해지다 111
코가 높다 112

코끼리 비스킷 71
코에 걸면 코걸이,
　귀에 걸면 귀걸이 147
코웃음을 치다 112
콧대가 높다 112
콧방귀를 뀌다 113
콩 심은 데 콩 나고,
　팥 심은 데 팥 난다 198, 231
콩으로 메주를 쑨다 해도
　곧이듣지 않는다 231
콩을 팥이라 해도
　곧이듣는다 232
큰 획을 긋다 122

타산지석 304
탁상공론 305
태산을 넘으면 평지를 본다 140
털어서 먼지 안 나는 사람 없다 233
토끼 둘을 잡으려다가
　하나도 못 잡는다 233
토사구팽 305
퇴짜를 놓다 113
틀에 박히다 114
티끌 모아 태산 234

파김치가 되다 115
파문을 일으키다 115
파문이 일다 115
파장을 일으키다 115
파죽지세 277, 306
팔방미인 307
팔소매를 걷다 116
팔소매를 걷어붙이다 116
팔은 안으로 굽는다 234
팔을 걷어붙이다 116
평안 감사도 저 싫으면 그만이다 235
풀이 죽다 116, 121
피눈물을 흘리다 117
피눈물이 나다 117
피땀을 흘리다 117
피치 못하다 118
핑계 없는 무덤이 없다 235

하나를 보면 열을 안다 236
하늘이 노랗다 118
하늘이 노래지다 118
하늘이 무너져도
　솟아날 구멍이 있다 236

하룻강아지 범 무서운 줄 모른다 237
학수고대 307
한술 더 뜨다 119
한술 밥에 배부르랴 229
한숨을 돌리다 119
한 우물을 파다 95
한 치 앞을 못 보다 120
한턱내다 121
한턱 쓰다 121
한풀 꺾이다 116, 121
한풀 죽다 121
한 획을 긋다 122
함흥차사 308
허리가 휘청거리다 122
허사가 되다 61, 123
헌 고리도 짝이 있다 227
헛물켜다 123
혀끝을 차다 123
혀를 차다 123
혈안이 되다 124
형만 한 아우 없다 237
형설지공 308
호가호위 309
호랑이 굴에 들어가야
　호랑이를 잡는다 238

호랑이도 제 말 하면 온다 239
호랑이에게 물려 가도
　정신만 차리면 산다 239
호미로 막을 것을 가래로 막는다 240
호박이 넝쿨째로 굴러떨어졌다 240
호연지기 309
호의를 거절하다 124
호의를 베풀다 124
호흡이 맞다 83
혹 떼러 갔다 혹 붙여 온다 241
홍일점 310
화룡점정 310
화제가 되다 125
화제를 모으다 125
화제에 오르다 125
환골탈태 311
황소 뒷걸음치다가 쥐 잡는다 241
황소 뒷걸음에 잡힌 개구리 241
회계지치 286
획을 긋다 122
희로애락 259, 311
희비가 엇갈리다 125

초판 1쇄 인쇄 2022년 10월 21일
초판 1쇄 발행 2022년 10월 28일

글 이미선
그림 유남영
펴낸이 박수길
펴낸곳 (주)도서출판 미래지식
디자인 design ko

주소 경기도 고양시 덕양구 통일로 140 삼송테크노밸리 A동 3층 333호
전화 02)389-0152
팩스 02)389-0156
홈페이지 www.miraejisig.co.kr
전자우편 miraejisig@naver.com
등록번호 제 2018-000205호

* 이 책의 판권은 미래지식에 있습니다.
* 값은 표지 뒷면에 표기되어 있습니다.
* 잘못된 책은 구입하신 서점에서 바꾸어 드립니다.

ISBN 979-11-91349-57-3 74700
　　　979-11-91349-12-2 (세트)

* 미래주니어는 미래지식의 어린이책 브랜드입니다.